郭心雲著

文學叢刊

想飛

文史哲出版社印行

自序

走在海邊無人的沙灘上，我總愛回眸凝視自己身後留下的腳印，那光平如鏡的沙灘上一行深深淺淺的腳印，在海浪一波又一波的沖刷下，不久便由明晰而模糊而消失。

人生不也是這樣的嗎？你我所走過的路做過的事、經歷過的快樂和苦難，都會在時間的巨輪下逐漸被淡忘。生活在這個科技發達進步神速的時代，社會的脈動變化快又大，讓人往往有稍一停歇，便跟不上的焦慮，我試著描繪、記錄下所見、所聞、所思，用文字重現了具體的物象，從中得到啓示、反思和滿足。

「想飛」是我的第十二本書，內容有散文、短篇小說。就拿「九一一這一天」這篇短文來說，由於發生九一一恐怖事件時，我人在美國加州矽谷兒子家中，當我看著電視實況轉播兩架被暴徒劫持的民航客機，先後衝撞上紐約雙子星大廈，頃刻間，樓坍塌人傷亡，這樣的鏡頭，如同親眼目睹，不僅震撼了我，也深深地感到人世的無常和生命的脆弱。

另一短篇小說「彷彿是昨日」是眞人眞事。記得臺灣開放大陸探親初期，我來到杭州，那天坐船遊西湖，船艙內已先坐了一團臺灣的遊客，幾位男士神情黯然卻又透著些喜悅；女士們則圍著一位頭髮花白、身穿藍衣黑褲的大陸老太太，頻頻拭淚。我一時好奇留在船艙裡，聽她們又哭又笑又擁抱的訴說著，原來，那位老太太是早年到大陸去的臺灣女子，因大時代的變動，無法返臺，滯留至今，一生命運坎坷。

我聽了深受感動，便下筆爲文，見證這個時代留下的幾許痕跡。這兩則例子是我當時寫作的心情和動機，願和讀者共享。

二〇〇一年冬於燕湖庭

想飛目錄

短篇小說

作者與母親合影

作者與夫婿合影於杭州西湖

民國八十年作者（右）獲得青年日報散文獎

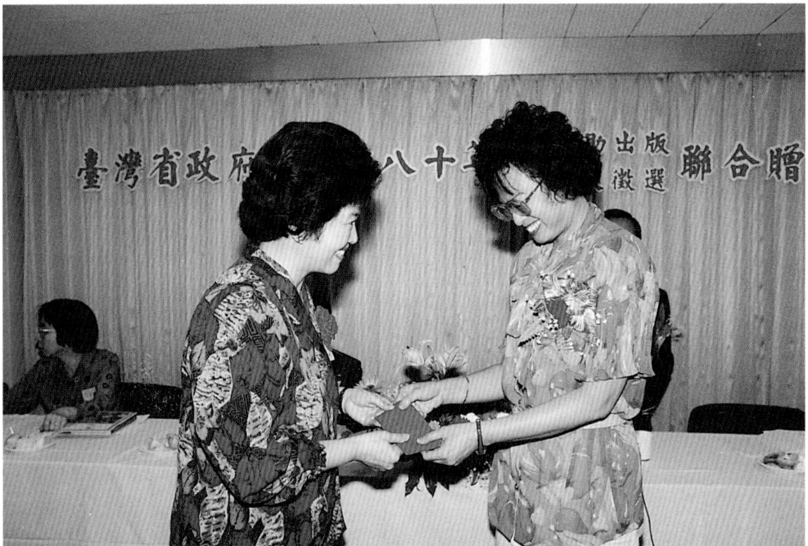

民國八十年作者獲得省政府贊助出版

文友慶生。前排左起程國強、鄧藹梅、方荷、尹雪曼、趙文藝、胡秀。後排左起楊震夷、戈正銘、王賢忠、徐瑜、吳東權及其夫人、毛先榕、作者、李殿魁、鄭向恆。

作者參加「綠化之旅」與文友、學者、專家合影。前排左起劉靜娟、陳義信、李遠欽、廖副處長、作者。後排左起蔣竹君、蘇進強、馮菊枝、林少雯、陳明義、李玉屏、劉菊英。

文友合影。左起作者、李玉屏、林少雯、余玉英。
右起鮑曉暉、王令嫻、俞金鳳。

作者全家福

作者與夫婿郭延壽同遊格陵蘭

作者長子一家合影

作者次子一家合影

作者女兒一家合影

四代同堂

作者攝於沙烏地阿拉伯舊皇城的廢墟

作者攝於日本北海道

作者與友人合影於廣東省中山縣翠亨村

散文

作者攝於紐西蘭的南極館

話說松鼠

不久以前，美國加州的康科德海軍武器站，被松鼠弄得頭痛萬分，這個武器站位於舊金山東邊，占地一萬三千英畝，據說，是海軍存放過時武器和彈藥的地點。

表面看來，康科德海軍武器站就像一個陸軍打野外的丘陵地，廣大的草地上，只見一墩墩水泥做的炮台掩體，那些水泥墩的下方及丘陵的地下，事實上，就是存放武器彈藥的軍火庫。

大片的草原正好成爲加州松鼠生活的天堂，五年前，海軍當局用毒殺法，適度的控制了鼠類的繁殖。但是，五年後，松鼠再度成災。

軍方說，兩萬多隻松鼠到處挖洞做窩，把地下彈藥庫都挖空了，弄得基地裏道路凹陷、鐵軌變形，甚至亂咬管線，造成停電等事，如果不處理，松鼠就要接管基地了。

要對付這麼多松鼠不是容易的事，軍方認爲毒殺最爲經濟有效，可是保護動物團體認爲手段太殘忍，企圖阻擋海軍的「酷刑」，人鼠大戰迄今尚未有兩全其美的良策。

我在美國加州看到世界日報這則新聞，心想，美國一般人家大多數都有寬敞的庭院，家家戶戶種樹，尤其喜歡栽果樹，因此，鳥類、松鼠隨處可見。我家隔壁有一棵大桃樹，桃子成熟時，結實纍纍，每天一早就看到松鼠來叼桃子，啃兩口便棄擲一旁，又去叼來，弄得滿地都是桃子，看著實在可惜！然而，那戶人家從不驅趕松鼠，好像桃樹是專爲松鼠而種的。

朋友家後院有兩棵高大的松樹，樹上住了兩隻松鼠，每天爬上爬下，追逐嬉戲，很是可愛。朋友經常到老人餐館用午餐，總不忘順便拎條免費的土司麵包回來餵松鼠，她只看到松鼠可愛的一面，卻不計較把她辛苦經營的菜畦，破壞得「體無完膚」。看看這裏的松鼠，再想想非洲飢餓的孩童，我不禁有人不如鼠的悲哀！

那天我們全家參加露營活動，和朋友們到優詩美地的營地會合，剛卸下笨重的帳棚、睡袋和什物，正要坐下休息，突然發現擱在地上的食物袋圍繞著數隻松鼠，有的袋子已咬破，有的還在拉扯，大家一陣吼叫，想趕牠走，可是，此地的松鼠一點兒也不怕人，你趕牠躲，你走牠又來，大大方方的和人們玩捉迷藏呢！

其實，森林裏有小動物出沒，自然界呈現出一片和諧、安詳的氣氛，感覺是很好，不過，這種遊戲不停的玩下去，可也不勝其煩，大家索性把主要的食物收藏好，其餘的就任由松鼠去咬去搬啦！

次日去看冰河遺跡，在那遼闊的高冷地帶，巨岩與巨岩之間的隙縫，陡峭的斜坡上，到處生長著矮矮的灌木叢，密密的灌木叢中，隱約有許多小眼睛在窺伺，這裏是偏遠地區，遊客較少，動物膽小怕人，我故意抓了一把玉米片灑在地上，只見松鼠一隻隻跑出來，小心、謹愼的挨過來，趁我不注意才一口叼走地上的玉米片，一溜煙似的鑽入灌木叢裏。

我試了幾次，都是如此，可見松鼠的膽大、猖獗，根本是被人們姑息縱容所養成的。

反觀我們的社會，壞人不也是被有意或無意的包庇和寬容，而爲害大衆的嗎？

九寨溝

別樣風情上心頭

之一

「楊希」颱風虛晃一招，輕輕掃過臺灣東方的海面，飄然而去，未給我們帶來渴望已久的雨水。但，颯颯的風聲裏，秋的腳步，悄悄的掩至。

一塊接著一塊灰色的鹽田，一堆連著一堆雪白晶瑩的鹽山，田埂土堤，草木疏落，強勁的海風，多鹽份的土地，貧瘠荒涼，農產品很少，鹽田特別多，是北門、將軍鄉一帶的特色。

海風拂過鹽田，空氣中夾雜著些許鹹腥的氣味，無孔不入的鑽進行駛中的遊覽車裏，我睜大眼眸把臉緊貼近車窗，欣賞這一片自然風光。忽然，一群大白鷺掠過窗外，我的眸光跟隨著鳥兒，只見遠方近處，點點白鷺遍佈鹽田，有的群聚鹽澤，有的踽踽獨行，有的低空盤旋，藍天、白雲、飛鳥、鹽田，交織成一幅美麗而祥和的畫面。

「漠漠鹽田飛白鷺」，這樣美好的景色，只疑身在圖畫中，我不覺興奮的碰碰坐在旁邊的文友：「菊枝，妳看好多的白鷺鷥哦！」

「啊！太美了，還有別種鳥呢！」

說眞的，在臺灣已很少可以看到這樣的鏡頭了。

車子繼續沿著縱橫交錯的道路，穿行在鹽田與導引海水進來的溝渠之間，左邊聯外道路正在拓寬，右邊聯外橋樑也在趕工，這些工程一一完成後，對外的交通定然更方便而安全。

前面這段路，兩邊長滿了密密的銀合歡，那圓小細緻的象牙色花球，在陽光下，閃閃生輝，那柔枝細葉，在強勁的海風中，猛烈地搖蕩，如吶喊似地抗拒，彷彿那生長在熱帶海邊的婦女，面對艱苦的討海生活的堅強身影。

走完這段綠色的道路，我已深深感到馬沙溝海水浴場，與臺灣其他海濱有著全然不同的自然環境，這也是這個地方得天獨厚的景觀。

太陽漸漸偏西，陽光已疲軟，海風也溫柔了。

下了車，菊枝、少雯和我，步上高高的海堤，遠眺那座美輪美奐、氣勢雄偉的觀海樓，浴場南側古意盎然的中式涼亭，和興建中的臺南縣中心漁港。

聽陪同人員說，北側靠近將軍溪口，還有大片茂密的防風林和紅樹林，棲息著數以千計的大小白鷺鷥、黃頭白鷺鷥、斑鳩、白頭翁、棕背伯勞等等野生鳥類。每當日出日落之際，經常可看到群鳥出外覓食，或歸巢，或群聚樹梢頭的壯觀場面，美景天成，十分地吸引人。

這裏有一種鳥叫灰背夜鷺，本省人俗稱「暗光鳥」。記得小時候貪玩，晚飯後常和鄰家的小孩，玩到很晚還不肯回去睡覺，母親罵我是「暗光鳥」；學生時代愛看小說，往往看到三更半夜，若被母親逮到，不但被罵「暗光鳥」，腦袋還結結實實挨一個「栗子」。我從沒有看過夜鷺，那天馬沙溝海水浴場的開發計劃，次第完成後，我一定到這裏度假，住個三、兩天，瞧瞧這晝伏夜出的鳥，長得啥個樣兒。

也許是農曆七月吧，即使是科學昌明的今天，國人仍然還有破除不了的迷信和禁忌，弄潮戲水的人兒銳減，藍藍的海上，只有一葉彩色風帆和幾個載浮載沉的人影。

極目望去，堤外偌大的沙灘，看不到一丁點的垃圾，惟有風兒吹過沙灘成一波波水紋狀的沙痕，那樣美，那樣潔淨，令人好生歡喜！

儘管時候已不早，少雯還是忍不住說：「我們下去走走，好嗎？」

菊枝和我，不約而同的點點頭。

三人下了階梯，一步一步踏沙而行，細沙漫過鞋面，流過腳踝，進了腳底，那種感覺眞好！耳邊傳來陣陣的海濤聲，火紅的落日，無聲無息的消失在遠方的海面上。

堤岸上的文友在招手：「回來，要開車啦！」

我們聞聲快步走回堤上，三人又不約而同的脫下鞋子，跺跺腳，敲掉鞋裏腳上的沙粒，菊枝笑稱我們是三個跺腳的女人。我聽了又孩子氣的再跺一跺腳，在快樂的跺腳聲中，我多麼希望這片美好的處女地，少一點人工的建設，多保留一些自然的景觀，那樣將會更令人流連忘返呢！

之二

聽東港當地的父老說，日據時代大鵬灣曾是日本的軍事基地，每當戰機臨空，轟隆隆的飛掠過頭頂，附近的居民就抬頭數著幾架飛機出去了，返航時，又數著剩下幾架回來了，就這樣數到日本戰敗投降。而今的大鵬灣，只聽到漁歌唱晚，輕風送爽，一片安和寧靜。

九月的陽光白花花地，空氣中瀰漫著一股花和草的香味，我深吸一口氣，遊目四望，紅、黃、寶藍、黑白相間的青蜓，噗噗地漫天飛舞，草地上的天空美麗極了！忽聽噗哧一聲，一尾尺把長的魚躍出水面，鱗光一閃，復又沒入水中，漾起一圈圈漣漪，可是，浮在水面上的蚵架，卻動也不動一下，我站在草地上觀望了好一會，心想，潮來潮去，這海灣，是否也是如許的風平浪靜？

那像竹筏一般的蚵架，平平整整的佈滿了整個大鵬灣，形成很特別的景觀，不知這面積不小的海灣，應該是魚塭，還是養蚵人家的……？

屏東縣政府的謝科長如數家珍的告訴我們，大鵬灣原與海相連，由於高屏溪和東港溪長期的淤沙，堆積而成爲一囊狀的潟湖，水域廣約五百多公頃，海域也有兩百公頃，附近還有一片紅樹林，各種海洋動植物生態可見，可以成立水產試驗所。四周椰林很多，風兒一來，椰樹搖曳生姿，富南國熱帶風情，更因潮差最多才一公尺半，危險性小，安全性大，極適合發展國際級之水上遊憩活動。

據說，二十年前即有此一構想。而整個大鵬灣風景特定區，省旅遊局於民國七十八年就規劃出來了，規劃面積廣達一千四百公頃，這個方案交通部已經核定，現在正等著行政院通過。

「如果大鵬灣開發，那灣裏的養蚵人家怎麼安置？」我關心的問。

「當然會作妥善的安排。」謝科長篤定的笑笑。

大鵬灣位於東港和林邊之間，這兩個鄉養殖業發達，海鮮店林立，大鵬灣的開發，間接或直接的對周邊的鄉鎮經濟，自然有所助益，這是不可否認的事實。

謝科長跟我們上了遊覽車，沿途指指點點，告訴我們規劃區的範圍。我指著路邊的民宅：「那住在區內的老百姓要搬到那裏去呀？」

「不用搬，民宅可以劃入住宅區。」

車子繞到規劃區內的青州海濱，這裏木麻黃林立，林外有片狹長的沙灘，天氣晴朗時，可以看到孤懸海中的小琉球。謝科長滿懷希望的說：「我們有個構想，船由大鵬灣經小琉球到墾丁，連成一條海上的觀光線。」

這個構想雖然很好，但是，還得視將來的情況而定。

步行過一段海灘，到了大鵬灣口，灣口的海水，水清見底，與灣內的混濁有些差別，我心中一動，也有個建議，因爲大鵬灣的開發計劃既然是多方面的，那麼何不保留一部分蚵架，讓遊客了解養蚵人家的作息，這也是一種知識的拓展。

文友中有人認爲這個「點子」不錯，也有人持相反的意見。看來任何的提案，都要經過多數人的認同，才會實現。

大鵬灣風景特定區的規劃，涵蓋面廣，經費龐大，影響自然也深遠，不知有沒有評估開發完成後觀光客的人次。我曾就這個問題請教過謝科長，他說：「每年到墾丁國家公園的遊客就有三百萬人，只要順道到大鵬灣一遊就夠了。」

原來，看好大鵬灣的遠景，原因即在此。

臺灣野柳女王頭

走入那片木麻黃

進入臺中港防風林管制區，首先闖入眼眸的是路兩旁盛開的夾竹桃，再來是艷麗的天人菊，以傲人的姿態，舖滿了那片原本荒涼的沙地，一時驚喜聲四起，中興大學植物系陳明義教授要司機停車，讓大家下來觀賞和照像。

這片夢中的花海，是臺中港務局環境保護所翁永昌課長到澎湖，特別由離島收集天人菊的種籽，所繁衍的，翁課長聽到大家的讚美，靦腆地裂著嘴笑，充份顯示出造林人憨厚樸實的特質。

車子繼續緩緩前行，粉紅、金黃的馬纓丹也不甘人後的爭奇鬥艷，到達目的地，我們發現已被木麻黃重重的濃蔭包圍了。

在這季風特強，土地貧脊的「沙漠」地帶，綠，充滿生機；綠，表示造林成功。

記得，臺中港尚未建港以前，我和外子曾拖兒帶女到梧棲這一帶海邊，戲水、撿貝殼、捉寄生蟹，玩得不亦樂乎。可是，每當天氣轉陰，海上起風，掀起陣陣沙塵，不但眼睛睜不開，裸露的手臂、小腿肚也被沙石打痛，有時候在梧棲街上行走，也常遇到突如其來的飛沙走石，這是我這個土生土長的臺中人，對臺中港區的深刻印象。

說來好笑，那年政府要闢建臺中港，事前的測量工程方面的工作，外子也曾參與，每次進港區，回來我總把他攔在門外，拿條毛巾從頭拍打到腳，拍去他一身的塵沙才給進門，這一條不成文的家規，直到工作完成，方自動取消。由此可見，當年臺中港的風沙是多麼大呀！

臺中港是沙灘上闢建出來的人工港，冬季受季風影響，經常飛沙漫天，爲了配合建港工程及營運工作，臺中港務局自民國六十四年起開始進行防風林造林及定沙工作。

防風林生育地，是由建港工程中抽取的海沙，塡高整平，含鹽分濃，又因突出海岸，受風面既大且強，造林倍感困難。然而經過學者專家、造林技術人員，苦幹實幹，不屈不撓的與海浪、風沙和烈日搏鬥，終使沙洲變綠地。

海岸造林不容易，要把握時機，築造定沙竹籬、種植定沙草和木麻黃，視樹木生長情況施行打枝、疏伐及防治病蟲害，冬季還得給樹穿上「防風衣」，照顧樹木就像照顧孩子一樣，無微不至，甚至有過之而無不及，就這樣日復一日，年復一年，二十幾個寒暑過去，才有今天臺中港五百多公頃的防風林，如今林木茂密，不僅已發揮防風定沙的功能，且爲港區的綠化、美化工作，奠定良好的基礎。

管制區內這一百八十多公頃的防風林，是民國六十七年間種植的，現在雖已成林，但，由於木麻黃容易衰退，基於林相改良，逐步在合適地區混交種些耐旱的樹種，像榕樹、黃槿、草海桐、橡皮樹等。

防風林裡，有一口數公頃大水波蕩漾的蓄水池，那是用來防火的，同行有位文友關心的問：「如果久旱不雨，池水會不會乾枯？」

翁永昌課長臉上浮起幾分得意的笑容回答：「早幾年樹木矮小，遇到乾旱池水常見底，後來樹木長大，水底有湧泉，也就不缺水了。」這可證明樹木具有保持水土、涵養水資源的功能。

這大片的防風林，除了蒼蒼鬱鬱的木麻黃，有葉型優美的烏桕、菩提，有花色艷麗的鳳凰木、刺桐，有爬滿池畔的茵陳、蔓荊和紅毛草，這樣豐富的植物帶，自然形成「食物鏈」，是鳥類和野生動物的棲息地。

「你們看，」陳明義教授拿著一小截樹枝走過來：「這叫構樹，是海岸原鄉土樹種，梅花鹿愛吃它的葉子，樹皮纖維可造紙。」

大家圍過去聽講解。我摘下一片構樹葉，用手輕撫著那毛絨厚實的葉片，腦海裡浮現去年賀伯颱風過境，全省多條公路柔腸寸斷，橋梁沖垮流失，一座座村莊一夜之間被洪水沖得不知去向，更有那觸目驚心的土石流……，生命、財產的損失難以估計。這破碎的大地，全因主政者的失策、人們的無知和自私自利，所造成的。

手中的葉片，讓我想起二百多年前的臺灣，是個未開發的處女地，綠色植物覆蓋，原始森林密佈，野鹿成群，（這也是鹿港地名的由來）今、昔兩相對照，實在很難想像這是同一個海島。

而今，痛定思痛，讓我們學習海岸造林的精神，也許在全民的共識和努力下，臺灣可以重現「福爾摩莎」美麗寶島之名。

加拿大的湖

天池紀事

水量豐沛的三工河，沿著高聳的峭壁，匆匆穿越過「石門一線」，便時而潺緩溫柔，時而湍急如奔雷的往山下流去。

這條發源於天山山脈天池的河流，清澈而明媚，河畔散佈著哈薩克人的氈房，而且總在流水潺緩處。據說，每當春天來臨，天池冰雪融化，萬物復甦，哈薩克人就攜家帶眷，趕著牛羊移居到這一帶山區放牧，直到初冬冰雪封山才轉移陣地，他們至今仍沿襲馬背民族的生活方式，很少有人改變。

遊覽車行駛在河邊的道路上，由車窗望出去，那氈房外榆樹下拴著的馬匹、山坡上徜徉的羊群，河灘邊浣衣的婦女，濯足戲水的孩童……，在在顯示出邊民與大自然親近的原始生活，遠比都市的人們要來得悠閒自在。

當三工河的水聲，漸漸消失在密林深處，天池便以天使般的面貌，迎接我們這些凡夫俗子。那一池澄碧的池水，靜靜地躺在群山環抱裡，四周林木蔥翠，高山積雪皚皚，池面輕霧繚繞，如果不是池邊聚集了一些供人拍照的馬兒，還以爲眞到了古代傳奇故事中，西王母的瑤池仙境哩！

那些馬身上披紅戴綠，裝飾得十分耀眼美麗，蔚爲天池一景。

遊客來到，雖有幾個哈薩克人，牽馬上前招攬生意，但，大多數人臉上堆著笑，傻傻地守在自己的馬兒旁邊，等待客人自動上門。我跟一位婦人租馬，她扶我上馬並安慰我不要怕，照完了像，我急著掏錢付租金，她笑咪咪的搖搖手，連聲說：「不急，不急！」由此可見哈薩克人的憨厚。

有匹駿馬孤立於高高的岩石上，動也不動，那樣兒美得像一幅畫。馬主人是一對哈薩克父女，他倆寂寞的坐在石頭上，眼光頻頻瞟向人群，卻不開口招呼，也許那馬站立的位置太靠近池邊，遊客怕落水，所以才無人光顧。

我走過去找那姑娘聊天，她臉上塗抹著厚厚的胭脂花粉，看起來與當地脂粉不施的婦女有些格格不入。

據她說，夏、秋兩季遊客多，有不少族人到天山牧羊，兼出租馬匹供人拍照或販賣各種羊角，工作輕鬆，賺錢較容易，牧民趨之若鶩。像她旺季每天可以賺一百多元人民幣，奇怪的是她父親卻堅稱只收入五十元左右，還老大不高興的嘀咕要繳納稅金呢！父女倆說辭不一，令人百思不解。

臨走我塞了幾塊錢給那姑娘，之後，我又後悔了，因爲，和遊客說說話兒，就輕易的有錢賺，那不是間接的助長他們對物慾的誘惑嗎？

在這塊尚未被物質文明完全污染的土地上，我多麼希望這個山與草原的子民，能夠保留住那份純眞和樸實呀！

張家界

兄弟倆

雖然時序已入秋，但，吐魯番盆地午後的陽光，曬在身上仍然火熱，在高昌故城遺址前有一些載客的驢車，爲了保持體力，我和幾位旅遊團的團友合僱一輛驢車，我們側身坐在車板上，發覺趕驢車的維吾爾族小哥兒和他稚齡的弟弟，兄弟倆臉上沒有一點笑容。

小哥兒吆喝著一揚鞭，黑驢得得往故城的黃土路上走去，小弟弟手上拿著幾串駝鈴，也隨著驢車搖動，叮噹噹地響起來。走過窮山惡水的白楊溝，走過寸草不生的戈壁灘，來到高昌故城，看到這一大片死寂的斷垣殘壁，實在很難想像這裡曾經人煙稠密，歌舞繁華，我不禁油然而生思古之幽情！

驢子走了一小段路，小哥兒放下皮鞭，打開放在車板上的帆布袋，拿出維吾爾族的帽子、小刀、提包等等手工藝品兜售，小弟弟也要我們買駝鈴。絲路之旅路途遙遠，氣候溫差大，一路走來很辛苦，不是很喜歡或必要的物品大家都不想買，以免成爲累贅。

那些貨我們不感興趣，兄弟倆生意沒做成，小哥兒沉著臉悶聲不響的又揚起小皮鞭，小弟弟則眨巴著明亮的大眼睛，眼裡透露出深深的失望，車上的空氣像凍結了似的，我忍不住打破沉默：「你和你弟弟今年多大呀？」

小哥兒頭也不回的答道：「我十六，弟弟十歲。」

「弟弟有沒有上學？」

「當然有啦！」

十六歲的少年顯得老氣橫秋，想必是生活壓力沉重使然，而十歲的孩童，應該過著無憂無慮的生活，然而在這荒涼的地區，小小年紀就得幫忙家計，我心中有著不忍，又不願無故施捨，便問小弟弟：「你們趕驢車的時候，唱不唱歌呀？」

小弟弟羞怯的點點頭。

我和團友們拍手鼓勵他唱，他朝他哥哥望了望，小哥兒用維吾爾語咕噥幾句，小弟弟才張嘴唱將起來，一時孩童特有的嘹亮歌聲，迴盪在這座千年傾圮的廢墟間，歌聲縮短了人與人的距離，小哥兒臉上不知不覺有了笑意，車上的氣氛頓感融洽多了。

孩童畢竟是孩童，歌兒一首接著一首唱，神態由羞澀，而自然，而天眞活潑，我看了心裡好生歡喜！

臨下車時，人手一串駝鈴，小弟弟空了雙手，高興的輕聲跟我道謝。

我摸摸他的腦袋：「你要常常唱歌，你快樂別人也快樂，是不是？」

小弟弟猛點頭，眼睛一瞇，笑露出一口細細的白牙來。

教他釣魚

當我初初看到一張張精巧的折疊童軍椅，一副副盲人用象棋，一串串美麗耀眼的中國結項鍊，很難相信那是盲生精心的傑作，心裡不禁懷疑盲人雙手眞的可以如此靈巧嗎？

從前盲人大多從事命卜，或夜半拄著枴杖，吹著哀怨的短笛，穿過大街小巷等著受僱替人「捉龍」謀生，要不，就無助的蜷縮在街角行乞，成爲社會的邊緣人。

那天到行政院勞委會職訓局委託辦理職業訓練的臺灣盲人重建院參觀，我才相信親眼所見的事實。走進日常生活訓練教室，忽聞一股菜餚的香味，原來有位盲生在老師的指導下，正在開瓦斯爐，放少許沙拉油在炒菜鍋內煎蛋，我們說他的荷包蛋煎得很好，他開心的坐下來享用。

教室中間有張方桌，坐了三個年輕的大男生，各個長得眉清目秀，由外表看，怎麼也看不出他們的視力幾乎接近盲點了，其中一位就著穿針器，一次又一次的練習穿針引線，另兩位手拿針線，在一塊白布上摸索著縫鈕扣，他們的動作雖緩慢，但卻不厭其煩的一再重複。

我注意到靠牆的長桌旁，那位膚色黝黑的壯漢，正在使用電燙斗，我過去和他話家常：

「你衣服燙得很好耶！」

「眞的？」他聞聲對我笑了笑。

「你看得到我嗎？」

「只能看到一點點輪廓。」

「你的眼睛是天生弱視，還是後來……」

「我以前視力很好，曾是遠洋漁業的船員，有回出海發覺眼睛非常不舒服，過了幾個月回來就醫，已經太遲了！」

像他這種後天發生病變的案例，比比皆是。而在點字摸讀訓練教室，有位女盲生，以前視力正常也曾在市公所工作，因爲不小心摔過兩跤傷到後腦，造成視網膜嚴重剝離，漸漸失明。然而，她非常堅強，學習意願又高，所以在短短半年內就學會了點字摸讀，由此可見信心的重建是多麼的重要。

在定向行動、感覺觸覺方面的訓練，有拼圖、盲人下象棋等等，這是進入盲人重建院第一年的基本社會適應訓練。

第二年則重職業訓練，包括電話接線、科學、機械常識、工廠安全、學科及實際操作木工、機器，同時爲訓練手指的靈巧，亦配合手工藝及評價測驗的課程，例如籐編、中國結、螺絲結合、小機件裝卸等測驗，使盲生結訓後能決定就業的方向，與眼明人一樣在工廠從事生產的行列。

此外，還有按摩、盲用電腦操作、鋼琴調音等，可依個人教育程度、學習能力及性向，選定一項或多項職訓，其中按摩職類有學科和術科，並輔導參加按摩技士技能檢定考試。

或許有人會問盲人操作機器安全嗎？實際上，只要有適當而正確的指導和充分的練習，他們對工作應該可以勝任的。

或許有人擔心兩年的訓練費用負擔不起，請放心，只要符合所規定的資格，一切學費、教材費及膳宿費全免。

走出盲人重建院，我想起「給他魚吃，不如教他釣魚」這句話，是的，今日的盲人不需要救濟與憐憫，他們需要的是技能與就業，這是時代潮流的演變，也是工商社會的進步，因爲這樣他們可以活得快樂而有尊嚴。

市井人物

一

街角那家門面很大的家具行旁邊，緊靠著一個小小的修理皮鞋攤，這個小小的攤位，經常堆滿了各式各樣待修的皮鞋。修鞋匠是個二十左右的年輕人，頭髮理得短短的，一身乾淨的粗布衣服，做的工作雖然低微，卻是勤快認眞。

起初，我拿了一雙新買的皮鞋，請他把太緊的鞋頭弄鬆些，他接過鞋子，一逕陪著笑臉指指小桌上的紙筆，我才猛然省悟他又聾又啞。他用鞋模撐開鞋子，要我隔天取回，我要先付工資，他連忙搖手，筆談：「這不花什麼工夫，工錢免了。」

另有一次皮包壞了，因是朋友所贈，捨不得拋棄，找他想辦法，他思索了一下，由木架上排列整齊的紙盒裏，找出和皮包同色的拉鍊、車線，用那台專門車皮鞋的機器換上新拉鏈，再仔細的擦拭，才花三十塊錢便整舊如新。

此後，皮鞋壞了給他修；皮帶買大了請他打洞，……不管是花錢修理或免費服務，他都是笑臉迎人，予人敬業樂業的好印象。

二

市場邊新搬來一家水電行，小小的店面，塞滿了各種廠牌的水電用品。日常家裏的熱水器有問題，浴室要加個毛巾架，排水管不通啦，或是那盞燈不亮，那家水電行總是「打電話，服務就來。」

這間小店是兄弟倆開的，哥哥是老闆，弟弟剛服完兵役。有天傍晚飯廳的吊燈壞了，老闆的弟弟來修了半天修不好，有些歉意的說：「這盞燈我檢查不出那兒壞了，等我哥哥回來再修好嗎？」

「你哥哥比你內行嗎？」

「我們兄弟都是學徒出身，可是我哥哥的經驗比我豐富。」停了停又說：「一般自來水工程還難不倒我，但，電器方面還在學習呢！」

說完，他借電話打回店裏，不一會兒老闆匆匆的趕來，甫一進門便連聲的道：「失禮失禮，因爲在外地趕包工，所以回來晚了。」邊說邊拿起工具檢查那盞吊燈。

老闆的弟弟站在一旁，聚精會神的聽解說，花了一番工夫，又接又銲，燈才修好。

有個星期日我到小店，看店的老闆娘不在，老闆的弟弟蹲在裏面清洗抽油煙機，我隨口和他搭訕：「我要買燈泡，你嫂嫂呢？」

「妳要多少支光的？」他放下手中的抹布，咧嘴一笑：「阿嫂和哥哥回苗栗鄉下去玩。」

「你怎麼不一塊兒去呢？」

「沒人看店不行，再說也只有假日才有空幫顧客清洗抽油煙機。」

同樣都是青年，眼前這位克勤克儉，與時下那些好逸惡勞之徒，是多麼不相同！

三

街上那家豆漿店一清早就重新開張。

店前擺了幾隻美麗的花籃，竹竿掛著一長串炮竹，嗶哩叭啦的響了好一陣，在這大清早分外的引人注目。我走下樓過去一探究竟，只見新粉刷的牆上，掛了兩面亮晃晃的大鏡子，旁邊貼著一排淡紅色的價目表，那幾張排列整齊的新桌椅，刷洗得雪亮的大灶台，舊烤箱，還有天花板上垂下兩盆流蘇形的綠色植物，平添幾許幽雅的氣氛，看起來自有一番新氣象。

以前這家專做早點生意的老店，那油污斑斑的灶台、桌面，總讓人無法興起進去享用一餐的念頭，現在我卻像趕熱鬧似的擠進去，找了個位置坐下來，立刻便有跑堂上前招呼，我這才注意到這店子已換人經營了。

那兩位男子製作各種餅類和炸油條，女的則負責包飯糰兼跑堂，三張年輕的面孔，禮貌周到，手腳俐落。有趣的是三人的打扮，女的清湯掛麵的髮型，男梳龐克頭，一式的白上衣、黑長褲，猛然一見，還以爲是西門町時髦的少年男女呢！

時代的巨輪不斷的推進，即使在這住宅區的街邊小店，那傳統的老式經營，也在時代的沖激下日漸的式微，代之而起的是新觀念，新潮流的經營方式。

蜜月旅行

這張照片一點兒也不老，但，卻是十分珍貴。

文兒和小惠度完蜜月回來，甫進門便交給我一大疊相簿：「媽，您瞧瞧，有外婆呢！」

我接過相簿坐在藤椅上，淡淡地說：「你們順路去臺中看外婆了嗎？」

「不，我們帶外婆去度蜜月。」

我聽了，差點笑出聲來。常言道，知子莫若母，文兒生性急躁好動，平常全家去登山健行，他尚且嫌我這個走路不算慢的老媽慢呑呑地，怎麼可能拖著七老八十行動蹣跚的外婆到處去遊山玩水？

「愛說笑，我才不相信呢！」

「媽，眞的呀！有照片爲證。」

文兒由相簿裏找出了幾張照片，這些照片大多是在日月潭、虎仔山、觀音瀧和外婆一起照的，其中有一張是文兒釣了二十多斤草魚，高興地留下的鏡頭。

小惠指著照片笑瞇瞇地告訴我：「媽，外婆和我們一起玩得很開心哪！」

照片上那一網子活蹦亂跳的魚，文兒傻乎乎的笑，小惠美麗可愛的模樣，外婆滿足快樂的神情，看著看著，我一時不知是安慰，還是感動？眼眶不覺濕熱了起來……

現代的青年男女，每於婚禮過後，即馬不停蹄的出國或到國內的風景名勝度蜜月。新婚燕爾本是人生最浪漫、甜蜜又無牽掛的美好時光，最希望的是兩人獨處過幾天卿卿我我、如膠似漆的神仙生活，因此，我怎麼也沒想到文兒開車經過臺中，竟接外婆一塊兒去度蜜月。

回想，文兒幼小時，外婆曾經照顧他五年，一直是老人家嘴上的調皮蛋，心裏喜歡的寶貝蛋，然而，在往後成長的歲月裏，便少有機會朝夕相處，承歡膝下。只有過年過節或國定假日，才能抽空去探望老人家，祖孫閒話家常享受天倫之樂。

每次見面外婆總是笑瞇著眼，像欣賞一幅名畫般的專注，目不轉睛的端祥她底愛孫，是否長高了？變胖了？如果，左鄰右舍稱讚她的愛孫英俊又能幹，她就笑得合不攏嘴。

如今，這張照片自然又成爲她老人家談話的新題材了。

北越散記

邊界

從廣西南寧市開車往南行經高速公路，三小時即可抵達中國的西南邊陲——東興關。

東興關與越南的芒街，中間隔著一條水量豐沛、清澈美麗的北倫河，這條寬闊的河流是邊界河，河上有一座橫跨兩岸的大橋，中越兩國關口隔河遙遙相對，看起來近在咫尺，但要跨過此橋，卻沒有想像中那麼簡單。

我原以為中共和越南都是共產國家，越戰時期中共又支持北越，兩國關係友好而密切，可以說是兄弟之邦，出關、進關理應是一件稀鬆平常的事才對。那知道，我們這個二十四人的旅遊團辦理過關手續足足花了一個多鐘頭才過了關。團友們拖著行李陸續的走上北倫河大橋，大家望著橋下悠悠的流水，都鬆了一口氣。

來到越南的關口，面對表情冷傲的關員，我心裡又有些許的不安。憑護照領表格填寫（不能事先作業），再一一送進窗口，有位關員忽說還要繳健康檢查證明，我們頓時傻眼，臨時那來的健康證明呢？關員喝令我們退到一旁，大陸與越南的導遊急忙趨前交涉，結果是付錢了事。

時間一再耽誤，我們只好摸黑趕路到下龍灣。事後，我不禁想到現在是承平時期，遊客停留短短兩天，中越邊界的關員有必要像防範間諜般的又問又查嗎？尤其是越南近年正大力發展觀光事業，關員服務態度欠佳，那樣即使風光再好，也會令觀光客卻步的。

由擦鞋童說起

走出玉器店，同團的幾位男士，立刻被越南的兩個擦鞋童緊緊糾纏，團友們自顧自的坐在街邊的涼椅上聊天，沒人理他倆。個子短小的擦鞋童機伶的抓住一位團友的腳，操著生硬的華語說：「老闆，擦鞋……一塊人民幣。」

團友低頭看了自己腳上的皮鞋一眼，點點頭，擦鞋童連忙幫他脫下皮鞋，拿出鞋油、刷子、擦布，不一會兒功夫，便把那雙沾滿了灰塵的皮鞋擦得光可鑑人。其他的團友見了紛紛跟進，這兩個擦鞋童這下可忙得不亦樂乎。

矮小的擦鞋童喜歡邊擦鞋邊和顧客閒聊，他說另一個擦鞋童是他哥哥。我打量這一對兄弟，哥哥羞澀、不愛說話，但賣力工作；弟弟活潑、會招攬生意，而且擦鞋很有一套，只見他拿起皮鞋，刷去灰塵、上油、打亮，一口氣就擦好三雙鞋，僅用去一點點鞋油。

這兩個擦鞋童，小小年紀就知道努力工作，那副有工可做、有錢可賺便滿足快樂的神情，眞是令人感動！

由擦鞋童聯想到我們的越南導遊阿雄，他有一頭濃密的黑髮，一雙狡黠的大眼，雖然已二十六歲，個子卻奇矮，一口還算流利的華語，拉近了我們之間的距離。他稱呼我們是臺灣的大老闆，誠懇的希望大家來投資，幫助他們發展經濟，接著介紹名勝古蹟，並乘機推介越南新娘，如何如何的溫柔美麗又勤勞，有意者可找他介紹……

乍聽當地導遊這樣推銷自己本國的姑娘，我有一種荒唐、悲憫的感覺，眞想爲越南的女性鳴不平！

第二天下午，阿雄帶領我們到鴻基市場閒逛，他轉身就不見了，等到他再度出現時，身上換了一套新西裝，團友們玩笑的叫他帥哥，他靦腆地笑了笑，忍不住那份得意：「你們知道嗎？西裝和手機是越南男人的最愛，因爲有了這兩樣東西，才能吸引漂亮女孩的注意！」

擦鞋童、越南新娘、西裝和手機，說明了這個國家的貧窮落後，可我怎麼也想不透越戰時期，戰備精良、高大強壯的美國大兵，爲何無法戰勝武器殘破、矮小瘦弱的北越共？

山道上

離開芒街，太陽已偏西，我們換乘專走山路的小巴士，繼續往西南方向行駛，窄窄的柏油道路迂迴在北越沿海的荒山野嶺，這綿延的山道，丘陵起伏，樹木稀少矮小，連尋常的野花也不多見，看起來貧瘠又荒涼。然而，此地的大小河川，流水潺潺，清麗可喜，讓人有驚艷之感。

沿途寥落的山村散佈在山涯水湄間，這些山屋的屋頂大多鋪著茅草，竹編的牆糊著一層厚厚的黃泥巴，偶爾也有一、二間紅磚瓦厝。村屋傍著狹窄的河谷、坡地，村民就利用這些小片的土地，種稻米、蔬菜、柑桔、香蕉等類的農作物；屋旁的水塘，三、五隻鴨兒在嬉水；幾個衣衫襤褸的小女孩，手捧著田野地裡採來的小白花，嘴裡哼著不成調的歌，在田埂上追逐嬉戲，那情景，多麼像五十年前的臺灣農村啊！我痴痴地凝望著，直到車子轉了個彎，我才回過神來。

值得一提的是這裡水牛特別多，幾乎有人居住的地方，都可以看到成群灰黑色的水牛泡在水塘裡，或在田野中徜徉。也許水牛太普遍，自然成爲民間繪畫、刺繡藝術入景的主要題材，而山村野店出售的牛角雕刻，無論是飛禽走獸、花卉、人物，雕工精美，栩栩如生，令人愛不釋手，是此地具有特色的手工藝品，也是觀光客的最愛。

海上桂林

下龍灣是越南東北部的海灣，其面積爲一、五五三平方公里，共有一千九百多座島嶼，因爲它的特殊景觀和地質形成的過程，而被聯合國教材文組織列爲世界自然遺產。

一早下龍灣就擠滿了各地來的觀光客，租船碼頭大小遊艇一字排開，等著顧客上門。我們一行二十四人，包租一艘三、四十人座的遊艇，船艙玻璃明亮，座位舒適，空間大，團友們一會兒在艙內聊天，一會兒到上層甲板吹海風、看風景、照相，感覺海闊天空，自由自在，眞是美好！

海灣中渡輪、遊艇、漁船往來頻繁，以一般東南亞的國家來說，人口、船舶多的海港，環境污染必然比較嚴重。然而，下龍灣的海域，環保做得還算不錯，尤其是觀光區的街道、海灘相當乾淨，設備也完善，可見越南政府對這處世界自然遺產的保護，不遺餘力。

船離開碼頭不久，島嶼一個接著一個出現在海面上，多得讓人目不暇給，或許是島嶼太多，船行其間，風平浪靜，有如遊湖般的平穩。這些島嶼大多爲無人島，有的拔海而起，孤峰獨立；有的島上長滿了蒼翠的樹木；有的光禿禿的，寸草不生，像靜置海中的水石盆景。最可愛的是兩座形似哈巴狗的蕞爾小島，遠望親密地接吻，轉移位置和視角，卻只是兩塊普通的岩石。

由於下龍灣島嶼林立，石山中有上百個溶洞，與中國桂林的喀斯特石灰岩景觀相類似，故有「海上桂林」之稱。

船行途中，有艘漁舟悄悄靠近，漁夫把繩索拋穿過我們遊艇的鐵欄杆繫牢，以「母鴨帶小鴨」的方法，緊貼著船舷行駛。漁夫指著船上那十幾盆活蹦亂跳的魚蝦，向我們漫天開價，團友們則就地還價，雙方你來我往，最後以半價買下全部的海產，作爲大家中午加菜之用。而隨船的越南女子也趁機打開大包袱，在船艙角落擺起臨時攤，賣些刺繡、項鍊之類的手工藝品。

漁舟剛走，又來了一條加裝馬達的小船，船上有一老一少兩人，甲板攤了一堆珊瑚，當兩船接近時，那位黑瘦的男孩如猿猴般的縱身跳上我們的遊艇，同時從寬大的衣服口袋裡，掏出一只巴掌大的雪白珊瑚，咧嘴一笑：「人民幣十元，要不要？」他瞧我們無意購買，返身跳回小船，馬達響起，小船如飛而去，倏忽隨沒在煙水渺茫中。

漁夫、越南女子、賣珊瑚的男孩，他們謀生的方式，與下龍灣的天然美景，交織成此地特有的風情。

九江琵琶亭

失去的古早味

來到臺灣民俗村「昨日臺灣區」，好像一腳踏入時光隧道裡，放眼望去，一大片老建築群，不是紅磚瓦厝四合院，便是土埆茅屋三合院，屋前屋後的古榕，小小的土地公廟，窄窄的里弄巷道，彷彿又回到三十年代。

那「錦絮坊」的彈棉被聲、「金利號」的打鐵聲，聲聲勾起了人們久遠的記憶。有位老先生牽著孫子邊參觀邊解說，走到一間農舍前，老先生站在稻埕上跟他孫子說：「乖孫，你知莫?從前的人家暝時呷飽飯，全家大小攏坐在這納涼、講古呢！」

那孫子天眞的回道：「奇怪，他們怎麼不看電視？」

「憨孫，那時還莫發明電視啦！」

「莫電視看，可以打電動玩具呀？」

「也莫發明電動玩具啦！」老先生搖頭苦笑，拉著孫子逛進農舍廚房。

廚房裡有一口大灶和廚具，老先生顯然又想到了什麼，他忍不住和孫子排排坐在長板椅上，不知說給自己聽，還是說給孫子聽：「你阿媽在世時，伊攏總用這款大灶煮飯煮菜，嗯，燒材火煮的飯有一層黃黃的鍋巴，眞香！」

「阿公，您不是常常說，電子鍋煮的飯又Q又香又便利嗎？」

「唉呀！你這個憨囝仔，我講不過你啦……」

我隨著參觀的人群，無意中聽到這一對祖孫的對話，覺得很有意思。可不是，老年人來此，看到竹管厝，就想起從前所住過的村屋！看到紅眠床，又想到自己也曾經睡過那樣的床……。民俗村果眞處處充滿了古早味，於是，我在「金永興糖廓」買了兩盒手工做的龍鬚糖，在小攤上向那位長得像開喜烏龍茶的阿婆（電視廣告），買了一串鳥梨兒糖。

我拿著那串紅艷艷、亮晶晶的鳥梨兒糖，迫不及待的撕去包裹的膠袋，一口咬下去，兒時對甜食的渴望又由記憶中浮現……

生長在臺灣光復初期的孩童，尤其是家境較差者，幾乎沒有零用錢，商店賣的糖果不說，便是鳥梨兒糖也很少有機會吃得到。一般賣鳥梨兒糖的小販，都是跟自己年齡不相上下的小孩，肩上扛著一根上面插滿一串串鳥梨兒糖的竹棍，在村頭村尾叫著：「鳥梨兒糖——甜的鳥梨兒糖——」只要聽到那歌唱似的叫賣聲，便引來一群小孩跟前跟後，沒錢買，看著也歡喜，偶爾存了幾毛錢，買一串來吃，那甜甜脆脆的滋味，可眞叫人難忘！

我沉浸在童年的回憶裡，可是，口中的鳥梨兒糖，嚼著嚼著，竟變得酸澀甜膩，我又一口接一口，試想嚼出那古早的味道來，然而，我失望了！

呆呆看著手上剩下的鳥梨兒糖，我不禁想，昔日物質生活匱乏，食物得來不易，什麼都覺得美味可口；而今生活富裕，對飲食的品味比較高，粗糙的食物自然難以下嚥。雖然，失去古早味令人有些惆悵，但，心中油然而生一股幸福感。我想這才是現代人應該珍惜的。

上海豫園

今之杞人

那天在中正紀念堂，遇到一位久不見面的朋友，帶著她的孫女看花燈，寒暄過後，我摸摸小女孩的頭說：「小妹妹長得可愛，今年讀幾年級了？」

「五年級。」小女孩大方地回答。

「才十歲嘛，長得又高又結實！」

「我這個孫女呀，光游泳就學了兩年，」朋友得意的告訴我：「還學了三年的心算，六年的鋼琴呢！」

我順口問女孩：「喜不喜歡彈鋼琴？」

「我喜歡鋼琴老師送我的禮物。」女孩天眞地笑著。

「老師送禮物？」

「我是說鋼琴老師時常送我小禮物，我才去上課的呀！」女孩笑嘻嘻的解釋。

「什麼樣的禮物？」小女孩的話引起了我的興趣。

「我的鋼琴老師常常出國，回來就送我髮夾啦、洋娃娃啦、橡皮擦……」

「這些東西臺灣不是也有嗎？」我打斷她的話。

「那不一樣耶！」小女孩偏著頭認眞的說：「我媽媽說，不管是日本貨還是美國貨都好精緻好精緻哦，比臺灣貨好多了！」

我以詢問的眼光望向朋友，朋友尷尬地一笑，拉著小女孩向我道再見，轉眼匆匆的沒入觀賞花燈的人潮裏。然而，小女孩的話卻久久盤繞在我的耳際，勾引起那回在東京街頭，陪另一位朋友選購球鞋和袋子的事兒來……

據朋友說，這兩樣東西都是她女兒的大學同學託買的，她無奈的嘆口氣：「沒辦法，女兒最要好的同學嘛！」

「臺灣的球鞋又好又便宜，年輕女孩用的袋子式樣更多，爲什麼捨近求遠？」

「女兒的同學硬說東洋貨好，而且非用同一廠牌的不可。」朋友揉揉足踝：「對不起哦，害妳陪我走得腳痛！」

我苦笑笑：「沒什麼，只是沒想到現在的學生也講究穿用名牌！」

不錯，臺灣自經濟起飛，社會繁榮，民生日富，百貨商行洋貨林林總總，不勝枚舉，這幾年，連韓國貨也充斥市面。

或許有人會說，以前窮，買不起，很在有錢了，用用洋貨也不爲過：或許有人會說，我們是民主開放的國家，人們愛買什麼，愛用什麼，享有絕對的自由；或許有人會說，近年來國人盛行到海外觀光旅遊，總要買些洋貨自用或送親友吧！

說眞的，這些都是人之常情，更不是愛國就非用國貨不可的情結。但是，爲什麼小女孩的媽媽要對她說「日本貨、美國貨好精緻好精緻，比臺灣貨好多了。」是這位媽媽無心的言辭，不知不覺的灌輸給小女孩「我們樣樣不如人」的觀念；抑或是這位媽媽本身非常地崇洋呢？而朋友女兒的大學同學，爲什麼在校園裡以穿用東洋貨爲傲？還有，有些婦女在市場、百貨公司，聊天的話題，總離不開歐美、日本的服飾、香水和食品，好像不用洋貨或用不起洋貨，就低人一級似的。這種心態，往深處想，是一種偏差，也是我們中國人的悲哀。

想我國從滿清末年以來，國勢積弱，列強環伺，訂立各種喪權辱國的條約，中國人就有崇洋甚至媚外的心態，即使時至今日，這種心態仍然沒有絲毫的消滅。反觀外國的文化，正以有形或無形的管道，一點一滴的侵入，而我們中國文化定根在那裏？我們中國人的骨氣又在那裏？

現在臺灣的兒童喜歡吃漢堡，年輕人愛聽西洋熱門音樂，國人又偏愛用洋貨……也許日久之後，我們眞的會被他國所同化。但願，這是杞人憂天。

舊家具

那一陣子我因爲背傷，每天到三總做復健，復健的效果緩慢，跑醫院又很浪費時間，因此我的心裏煩躁，覺得生活一點也不快樂，後來在汀州路上發覺一家門面很小的骨董家飾、民俗藝品店，每次打那兒經過就順路進去逛逛，從中得到一些樂趣。

我常被堆放在店門外空地上的老舊木製家具所吸引，忍不住駐足欣賞一番。所謂的舊家具有桌椅、茶几、門板、窗櫺和其他，每件剛搬運來的物品都漆落斑駁，積滿灰塵，但，仍掩不住它原來的光華。桌椅、茶几式樣古樸典雅，像是清末民初之物，而扇門、窗櫺應是由老建築物上拆下來的，看不到一根鐵釘的痕跡，年代可能更久遠，難得的是上面都有精美的雕刻，不論人物、花鳥均栩栩如生。

每當那些家具運來，就看到老闆或老闆娘親自用水洗洗刷刷，把灰塵污垢清理乾淨，按其原來的顏色重新油漆過，桌椅、茶几自有喜愛骨董家具的人來選購，門窗則被拆開來，選精美的木雕品，配上合適的框架，當壁飾出售，處理完這批貨，沒幾天又運來另一批貨，貨源好像源源不斷。

有次看中了一只銀戒，討價還價之餘，趁機問：「這些骨董門窗是臺灣的嗎？」

「不是，」那位年輕的老闆說：「臺灣比較著名的古老建築，政府都列爲古蹟保護，一般的早就看不到了。」

「這些貨呢？」

「那都是從大陸民間收購來的。」

「這麼精緻美麗的建築拆了實在太可惜！」

也許老闆看到我的關心，便也打開話匣子：「我也感覺可惜，不過大陸一般老百姓懂得珍惜的並不多，如果改建房屋拆下來的舊建材，堆放著任其腐朽，或當柴火燒了，不是更可惜嗎？由另一個角度看，我們透過專人收購，然後加以整理，再賣出，這樣有藝術價値的部份不但沒被破壞，而且可以保存更久。」

雖然，在商言商，但是，老闆的話也不無道理。

我不由連想到大陸這幾年，在一片經濟改革開放聲中，在人人「向錢」看的熱潮裏，都市的風貌正以快速的腳步蛻變，古老的建築物一棟棟的消失，取而代之的是西洋式的高樓大廈，這種現象顯示出未來中國民間傳統的建築藝術，將走向式微了！

這到底是好，還是壞呢？

從自己做起

最近整修房子，一連數日，每到黃昏工人就提著好幾大袋撕下的壁紙，騎上摩托車蹣跚地走了，我才認眞悟及自己也是大量垃圾的製造者。

在民生工業還不發達的年代，人人惜物，家家節儉，日常用品都是一用再用，不到完全損壞決捨不得丟掉，只記得一般人家常把歹銅舊鐵賣給收破爛的，其他的廢棄物則倒在住家附近的垃圾堆，每隔幾天就有專人來清理，那時垃圾量少，又都是容易腐爛之物，很少聽說什麼垃圾問題，離市區稍遠的垃圾堆即使無人清理，日久也成爲很好的堆肥，往往被人鏟去蒔花、種菜，甚合乎取之大自然，用于大自然的生態平衡法則。

直到塑膠與各類紙製品問世，同時取代了傳統的日用品，人們的消費習慣也起了革命性的改變。

當人們製造的垃圾塡滿了掩埋場，焚化爐也不敷使用；當大量的塑膠袋、保麗龍、寶特瓶等等千年不腐的廢棄物，堵塞河川，污染大地，嚴重影響社會大衆的生活環境，環保意識才逐漸抬頭。

除了塑膠用品的過度泛濫，紙類產品也不可忽視，尤其是紙尿片和紙褲，以前出生的嬰兒都用大人穿破的舊汗衫做尿片，而現在幾乎全用紙尿片和紙褲了。每個幼兒若以兩年的時間來計算，用量相當可觀，紙尿片最大的優點是用濕就丟，不必洗滌晾曬，不必擔心刮風下雨尿片不乾，確實給現代育兒的家庭帶來許多的方便。只不知家庭主婦或保姆在方便省事之餘，有誰想到那也是大量垃圾的來源之一，儘管紙製品可以焚燒化爲灰燼，但是，那整箱整包買回來的紙尿片，必須砍伐多少棵的樹木呢？

此外，紙杯、紙巾、面紙……也到了空前泛濫的地步，我想，醫院或公共場所爲了怕傳染疾病，使用紙製品，確有其必要，一般人則應該有所節制。

有一次去朋友的新居玩，發覺她家每個房間都在明顯的角落擺了兩盒紙，以方便取用。飯後，我到廚房想拿塊抹布幫忙擦桌子，可是，找來找去，遍找不著，我向朋友要，她兩眼瞪得大大地：「用抹布多麻煩，早淘汰了！」

「那……用什麼擦呀？」我一下子沒會意過來。

「喏！用這個。」我隨著她手指的方向一看，竟然廚房也用紙代替抹布。

我忍不住說她浪費，她說我小氣巴拉用點紙也大驚小怪。「還『點』呢，什麼都用紙擦，難怪妳家垃圾特別多！」我不客氣的說，她反笑我跟不上消費的潮流。

我不禁要問：消費的潮流，代價幾許？

由這件事，我連想起去年春天到南部參觀訪問，認識一位環保義工，這位義工吃飯不用餐廳準備的免洗餐具，總是由隨身攜帶的布袋裡掏出碗筷。起初大家都投以訝異的眼光，接待人員也有些尷尬，她解釋：「使用免洗餐具製造垃圾，污染環境，自備碗筷就不會了！」

面對她，我心中有愧，餐餐食不知味，卻不能不被她所感動。

參觀農場時，大家感興趣的是豬仔、雞隻的品種，飼養的方法，她則特別注意污水的排放，沼氣的處理。走在路上看見廢紙或空罐，她順手撿起來再投進附近的垃圾箱，她的言行給我留下很深的印象。

現在看來，如果人人都向那位環保義工看齊，對生活環境多一分關心，少一分自私，相信垃圾量不會那麼多，我們生活的環境也會比較乾淨。

九一一這一天

公元二〇〇一年九月十一日這一天，我人在美國加州矽谷。晨起，我邊忙著給孫女紮辮子，邊哄著在鬧脾氣的孫兒，這時小兒子拎著公事包由樓上走下來，正好餐廳桌上的電話鈴聲響起，他順手拿起話筒叫了一聲：「姐姐……」立刻臉色大變，直嚷嚷：「不可能，不可能……」並對著客廳大叫：「爸爸，快，快點打開電視！」

我以爲臺灣發生什麼大事，女兒才會一早打電話來，便搶過話筒，女兒聽到我的聲音，沒頭沒腦的說：「媽，台、美電話大塞車，我好不容易才接通……」

「好了，到底臺灣發生什麼事？」我打斷她的話。

「媽，不是臺灣啦，是美國發生大代誌，您看電視新聞就知道，這會兒很多人都急著往美國打電話，我不多說了，再見！」

掛上電話，全家擠聚在電視機前，螢光幕上正播出紐約世貿中心北樓，在上午八點四十五分，被一架恐怖份子劫持的巨型民航客機所衝撞的鏡頭，那濃密的黑煙，那高逾七、八十層的窗口飛墜出的人影，觸目驚心，我們祖孫三代被這一幕景象給嚇呆了。兩歲多的孫兒躲入外子的懷裡說：「爺爺，電影好可怕呀！」剛上幼稚園的孫女兩手矇著眼睛不敢看，我呆呆盯著電視，希望這只是災難電影的特效，或一場噩夢，不願相信這是眞的。

沒想到過了二十一分鐘，又有一架被劫持的民航客機，以攔腰自殺方式橫切入世貿南樓，霎那間，土石飛濺，熊熊烈火挾帶著滾滾黑煙，呈現在全球億萬電視觀衆的面前。當美國廣播公司（ABC）電視主播鐵青著臉越播越悲憤的當兒，另一架被劫持的民航班機滿載燃料，低空撞進美國國防部五角大廈。鏡頭拉回紐約世貿中心，上午十點南、北樓經不住烈火焚燒，相繼塌陷，只見漫天崩裂開來的玻璃碎屑、鋼筋水泥化爲厚重塵埃，像洶湧的海潮吞噬著周圍狂奔逃命的人們……，這兩棟聳立於哈得遜河畔高達一一〇層的大樓，在瞬間變成一堆龐大的廢墟。

到了十點三十七分又一架被劫持的民航班機，墜毀於賓州匹茲堡附近。美國就這樣在短短兩個小時內，歷經了自珍珠港事變以來，國內最慘烈的傷亡和損毀（死亡失蹤人數近六千），恐怖份子計劃周詳的攻擊行爲和殘酷手段，更是震驚了全世界。

於是，美國軍警立刻進入戒備，國內外班機宣佈停飛、學校停課，上班族也無心工作。小兒子到公司去打個轉就回來，整天盯著電視，生怕恐怖份子再發動另一波新的攻擊。

中午接到大兒子由臺北打來的電話，劈頭就說：「媽，您和爸爸什麼時候回家？以前大家都認爲美國最安全，現在可不了，還是快點回來吧！」

大兒子的話令我深深感到世事多變化！回想四十幾年前，臺灣一般人少有經濟能力送子弟出國留學，也少有機會出國旅遊，政府派到美國受訓或工作的人員，人們均以羨慕的眼光說是去「鍍金」；六、七十年代臺灣經濟起飛，但，海峽兩岸關係的不確定感，使得自由民主又富裕的美國，成爲年輕學子和移民者的天堂；近十幾年來，政府開放大陸探親與出國觀光旅遊，美國依然是許多人心中的夢土。然而，恐怖份子劫機一撞，撞醒了多少人的移民夢。

入夜，孩子們都睡了，外子和兒、媳仍在看電視，我一如日常的習慣，喜歡身上穿得暖暖的搬把涼椅獨自坐在幽暗的後院裡，聞著花草、果香，眺望明月、繁星和夜航的飛機。而今夜，天空出奇的寂靜（因爲停航），甚至靜得有幾分詭異，我的心情一直平靜不下來，是哀悼紐約世貿大樓那數千瞬間失去生命的冤魂，是歎息美國太平盛世的不再，也爲美國未來那場敵暗我明的戰爭而憂心。

同時我心裡也有些疑問，這一次恐怖份子在美國國內輕易的劫持四架飛機，中情局、聯調局和國安局，事先怎麼渾然不知？一向標榜捍衛正義，以世界警察自居的美國，又怎會與中亞的回教國家敵對，讓偏激的伊斯蘭教徒恨之入骨？或許在美國舉國一片復仇的聲音中，這也是美國應該檢討和深思的。

丹山碧水話武夷

武夷山位於福建和江西的邊界，是兩省天然分界線，也是地形的分水嶺。武夷山屬丹霞地貌，四周山峰的岩層呈褚紅色，遠遠望去，色彩斑斕，瑰麗異常；此山盛產岩茶，名勝古蹟又多，因而被聯合國列爲世界自然和文化遺產。

武夷山有「三三、六六」之勝，「三三」指的是迂迴曲折的九曲溪，「六六」是指九曲溪兩岸的三十六座山峰。如果說，黃山的景色略遜於武夷，差只差在少了一條溪流。可不是，九曲溪就像是武夷山的靈魂，也是精華所在。這條水量豐沛的溪流分作九曲，繚繞在群山環抱之中，水隨山轉，每一曲各有不同的優美情境，深深吸引遊人的目光。

遊覽九曲溪，從武夷宮的第一曲溯溪而上，到星村的第九曲結束；也可以倒過來走，那樣可節省時間，缺點是速度快，無法細品兩岸的奇峰異景。也許古代的人生活腳步緩慢，大多逆流而上，現在一般人則行色匆匆，多採順流而下。

那天早上我們到星村九曲碼頭，平常乘坐七人的竹筏，由於昨日下雨，溪水大了些，基於安全考量，僅能載五人，（若遇連日下大雨，溪水暴漲，竹筏便停駛）竹筏簡陋，每人卻有救生衣穿，而船夫，訓練有素，不慌不忙地一邊撐篙一邊講解，每個彎道每個景點都不遺漏。十餘里彎彎曲曲的水路，山的容顏，水的柔媚，千姿百態，佈局巧妙，眞是造物主的傑作！

有人認爲不乘竹筏遊九曲溪是遺憾，不上天遊峰等於白來了武夷山。曾聽到過武夷的朋友勸我，天遊峰又陡又危險，不上去也罷。早上我乘坐竹筏行至六曲，只見前方一座龐大無比的石山，高入天際，一、二座小亭顫巍巍孤立在山巔，遊人如螞蟻般的在山壁上爬行，心想，爬這山果眞像上天遊哩！下午我們來到登山口，地陪說，天遊峰是武夷第一勝地，由前山上、後山下，總共有二千八百個石階，後山路況較好，前山的路很難走，有些地方甚至沒有欄杆，每年都發生數起意外事故，要我們特別小心。

起先，朋友的勸告以及竹筏上所見，都不能讓我裹足不前，可一聽有些地段沒欄杆，我卻猶豫了，因爲我有輕微的懼高症。我們這個十八人的旅遊團，聽地陪這麼說，大多打退堂鼓，最後僅五人前往，其中包括一位高齡八十三的老先生，我比老先生年輕二十歲竟不敢上天遊峰，自個兒想想都慚愧，也就鼓起勇氣參加了。

剛由雲窩轉入黝黑伸手不見五指的「一線天」，緊跟著走在前面的人的腳步，摸索著踩上石階，石階又高又陡，光線又微弱，我立刻後悔想放棄，可是回頭看，後面跟著長長的隊伍，石階十分窄小，根本無法錯身，只好硬著頭皮手腳並用的往上爬。好不容易爬出「一線天」，繞兩個彎，眼前豁然一亮，我驚喜的發現，此身已在茶洞中。

這茶洞四面皆爲筆直高聳的石壁，自然形成一塊小小的山谷，谷中種有數畦茶樹，一股沿石壁緩緩而下的瀑布成一方隱潭，潭邊有石桌石椅，這樣一個與世隔絕的小天地，如同古代俠士苦修習劍隱居之所，如果不是親自登臨，怎知世間眞有這樣的好地方呢！我戀戀不捨的離開了茶洞，繼續往上爬，石階路有的稍稍平緩，有的寬窄不一，而欄杆大多已腐朽（據報上說現在正在整修）。爬到半山腰，回眸山腳下的九曲溪，但見赭紅色的山岩，碧水環繞，蒼翠的樹點綴在山崖水濱間，好一幅色彩鮮明的圖畫！

最高一段山路極爲陡峭狹窄，仰望峰頂的天遊閣，不禁想起清、袁枚的詩：「一樓高立萬峰巔，遠望迢迢在天邊，昨日幸依樓上住，不然還道似神仙。」我突然感到一陣暈眩，急忙扶住欄杆定一定神，克服懼高的心理因素，這時如遇強風大雨或雷電交加，在光禿禿的石山上，眞的容易發生意外，所幸，天氣陰沈，卻未颳風下雨。

我終於登上天遊峰，也平安的下了山，並且體驗到「不上天遊峰，等於白來了武夷山」這句話。

站在天遊峰頂，舉目四望，群峰疊翠，最特別的是這滿目的松、樟、竹、茶樹，幾乎都長在岩石上那層薄薄的土壤裡，這也是「武夷岩茶」之名的由來。武夷岩茶屬烏龍茶類，向有「岩骨花香」的盛名，列爲唐代和元代皇帝的貢品，清朝以後則遠銷海外。

說到武夷岩茶，就得去造訪「大紅袍」。傳說古代有位官員，因母親久病不癒，他到武夷山的寺廟爲母祈福，這事被寺內的和尚知悉，就採了一大把老烏龍茶葉，送給這位官員的母親煎水服用，老夫人喝了茶湯，病很快便好了。這位官員又上武夷山跟和尚道謝，同時在和尚的引導下見到這株老茶樹，官員對茶樹作揖，拜謝它醫好母親的病，並順手脫下身上的大紅袍披到茶樹上，從此人們就稱呼這株老茶樹爲「大紅袍」。

沿著山中小路，穿行在巨大的岩石之間，山泉飛濺，潮濕的岩壁上，這裡一簇那裡一簇開著不知名的小紫花，曲折狹長的地帶零星種了些茶樹，名人雅士刻在岩壁上詠茶的詩句，隨處可見，二、三座茶亭散佈在山澗旁，這樣幽美之地如能和三、五好友共遊品茗，不啻是人生一大樂事。然而，我們都是匆匆過客，只能稍作停留，走到小路盡頭，也到了目的地。

所謂的「大紅袍」，原來是一叢長在離地面數公尺高峭壁上的茶樹，這茶樹僅依賴少許的土壤和雨露的滋潤，竟能存活數百年（地陪說不出它確實的年歲），至今仍年產數兩茶葉，可說是世上最貴的烏龍茶樹。

武夷山既有山水美景，且有源遠流長的古文化和茶文化，現在隔著崇陽溪又有規劃完善的度假村，使遊客免於舟車勞頓之苦，大陸觀光事業品質的提升，令人刮目相看。

春風不老的地方

一

遊覽車走過中國大西南的荒野，來到玉龍雪山下的麗江古城。這裡的居民大多是納西族，櫛比鱗次的灰瓦屋，雞犬相聞；家家戶戶門前的小河，流水潺潺；銜接街弄的小橋，人來人往；河邊成排的柳蔭下，老人閒坐對歌，這八百年的古城，恍若是時光停留的地方。

這座被聯合國列入世界文化遺產的古城，保留了古建築物、傳統的生活習慣、象形文字、古樂、雕刻藝術……，在在散發出迷人的光彩。前幾年麗江地區曾發生大地震，由於古城的建築都是木造，全毀的並不多，經過修護，現在幾乎看不出地震浩劫的痕跡。

近年來觀光客慕名而來的很多，有些洋人甚至喜歡獨自或結伴，不遠千里到這裡租間民房，悠悠閒閒的度過一段純樸、安寧、閒適的假期。

也因爲觀光客多，古城街上商店林立，連咖啡館都開了好幾家，尤其是四方街，更是攤販雲集，土產、手工藝品、玉器、藥材，應有盡有，因而呈現了新舊雜存的現象，不過，這無損於它既有的文化內涵。

再說，納西族人信仰東巴教，他們敬畏天地，對風、雨、雷、神、亡魂都有獨特的祭拜方式，東巴教創教主東巴什羅，主張人不可過度的向大自然索取。反觀現代的工商業社會，爲了經濟利益，過度的砍伐森林，開發山坡地，破壞大自然，造成土石流、山洪暴發種種災變，由此可見東巴什羅的主張是有遠見的。

我想，麗江古城歷經數百年的歲月，仍能保存古老的文化，也許跟納西族人的信仰有些關聯吧！

二、

玉泉公園在麗江城北，是一處有名的風景名勝。

走進公園不遠，有一座雕梁畫棟的樓，這棟樓最特別的是從任何一個角度看去，都可以瞧見五個高翹的屋角，好像鳳凰展翅欲飛似的，故名五鳳樓。據地陪說，當年徐霞客遊覽名山大川，曾經被木氏土司招待，住在五鳳樓數日呢！

最美的是公園內的黑龍潭，潭畔有精美雅致的亭台樓閣，四周繁花似錦，草木蔥蘢，遠方的玉龍雪山，白雪皚皚，倒映潭中，眞是一幅絕美的風景畫！黑龍潭的水清碧絕倫，傳說潭水來自玉龍雪山的溶雪，流入地下成爲伏流，至潭中湧出。

遊人沿著潭邊的步道而行，只見一股股泉水，不停的冒著氣泡，由岩壁或潭底湧出來，密密麻麻的小魚苗，這裡一群，那裡一群，盤據著泉源口；一、二尺長的魚兒隨處可見。由於當地的人們相信潭中有黑龍，而魚是龍的子孫，神聖不可侵犯，因此，人們不敢垂釣和捕捉，魚兒才會繁衍得如此多。潭中除了魚外，還生長一種水草，春季開小白花，一朵朵浮在水面上，飄散著淡淡的香味，此潭沒有遊船，水面上不見一丁點兒垃圾，環境保護工作做得相當好，這是可喜的。

黑龍潭有一處缺口，豐沛的水量，由缺口流往麗江古城，直接造就了古城小橋、流水、人家的美麗風光，如果，沒有這川流不息的水源，古城必然會失色。

三

納西族是樂天知命的邊民。這話怎麼說呢？

四月的雲貴高原，天空特別的藍，麗江古城四方街的小河邊上，有七、八位老先生和老太太坐在柳樹下聊天，金色的陽光照在他們身上，驅走了幾許春寒。我信步沿著河岸的青石板路踽踽而行，經過他們身旁，只聽滿臉皺紋的老太太們用當地的語言輕聲說著話兒，說到高興處，手牽著手邊唱邊跳起原始簡單的舞步來，歌聲斷斷續續；而老先生們也以同樣的形式回應，他們不在意來來往往的行人，也不在意有人駐足圍觀。玉龍雪山下的古城，春風不老，柳絲搖曳，輕柔的歌聲，伴和著潺潺的流水聲，給人的感覺是多麼美好啊！

這些納西族的老人們，是在說話，還是歌唱？地陪解釋說，納西族人遇到老朋友，喜歡聚在一塊兒「對歌」，互相吐露心事，像農田的收成、兒女的問題，親友間的事……，不管是歡樂或悲傷，都藉著歌聲和舞蹈，來抒發、排解和勸慰。這是他們的生活方式，也是此地特有的風情。

張家界坐滑竿

走過孔子故鄉

一、曲阜

傍晚在鄭州上火車，搖晃了一夜，於次日凌晨四點多鐘抵達泰安，在旅行社的安排下，轉搭遊覽車摸黑繼續趕路。當孔子駕著馬車周遊列國的雕像出現在前方公路上時，旭日正冉冉從東方升起。

孔子是中國最偉大的教育家、思想家和哲學家，二千多年來受歷代帝王、平民百姓普遍的尊崇，而被尊爲至聖先師。

孔廟位於曲阜城中南門內的闕里巷，據史書記載，孔廟始建於孔子死後第二年（公元前四八七年），魯哀公在孔子講學的杏壇修建了一座大成殿，作爲供奉祭祀之用，後來經歷代帝王不斷擴建，現在的孔廟有七重門和七重院落，主要建築群雕樑畫棟，美不勝收，庭院深深，松柏蔽日，牌坊、古碑林立，是中國規模最大、古蹟最多的一座孔廟。

由孔廟出來，我漫無目的地穿梭在大街小巷，走著走著，就看到古老斑駁的城門。此地的城門，雖不若西安的高大，但，年代更久遠；走著走著，總看不到一棟高樓大廈，據地陪告訴我，曲阜一般新的建築物，規定屋頂高度不得超過孔廟，而且新建築物的外觀，要採用中國傳統式的建築風格，因此，曲阜是一座典雅美麗、古色古香的城市。

想想，中國有多少城市，在一片現代化的浪潮中，以及經濟利益的考量下，舊有的建築物一座座被淘汰，取而代之的是線條簡單，品質又粗糙的新式建築，都市的風貌新舊雜陳，淪爲不中不西。曲阜對建物的設限，不管是後人爲了表示對孔子的尊敬，還是爲了發展觀光事業，都是有意義，有眼光而値得讚美的。

曲阜街上汽車並不多，引人注目的是來來往往載客的馬車。這種馬車車廂造型很像封閉的涼亭，三面有窗，客人坐在油漆得漂漂亮亮的車廂裡，車伕一揚鞭，馬兒蹄聲得得，古城街景一一映入眼眸，那份悠閒自在，令人不禁油然而生思古之幽情！

二、孔 林

孔林是孔氏宗族的共同墓地，林內埋葬著孔子，也埋葬著歷代衍聖公和曲阜及其附近的孔氏族人。

孔林在曲阜城外二哩之處，佔地三千畝，周圍以磚砌圍牆，內有參天的古木，墳墓十幾萬座，碑石三千六百多塊，殿、門、坊、亭等明清建築四十多座，是世界上延續時間最久的家族墓地，也是一處古老的人造園林。

曲阜城北門通往孔林的神道，又直又長，道中有座建於明萬曆年間的「萬古長春坊」。

這座六柱五門的石坊，氣勢宏偉，造型優美，坊後古柏古檜夾道，是一條莊嚴、美麗、氣派的神道。

走進孔林大門，繞過洙水橋，附近有許多小攤，清一色賣的是印石，小販並當場免費幫遊客刻印。我沿路逛過去，有位中年女攤販手上刻著印還招攬生意：「太太，買顆印石做紀念吧！」

我停下腳步，看那張小小的攤桌，擺滿了各式各樣切割好的石頭，這些石頭來自各地，其中以泰山石最爲物美價廉，選了兩顆雕有孔子像的印石，準備帶回去分別送給兩個就學的孩子。

付了帳，我仍站在攤前看那位女攤販用一把細小尖銳的雕刻刀，琢琢弄弄，不一會兒功夫便完成一件作品，技術純熟，速度又快，令我好生佩服：「妳刻印速度眞快，生意不錯吧？」

「旺季好些，每天扣掉租金，可以賺個三、四十元，淡季只有一半的收入。」

「那也夠養家活口啦！」

「是是」，她苦笑：「不過，這工作挺費眼力的！」

環顧其他攤販，不論是男是女，沒有一個戴眼鏡。擁有一副好眼睛，想必是吃這行飯的先決條件。

我就這麼邊走邊想地來到孔子陵墓前，恭恭敬敬行了三鞠躬禮，然後退立一旁靜靜地打量周遭環境：墓前華表、翁仲羅列，墓上草色青青，古木森然，隱約有股肅穆之氣流淌在林間，許是如此，謁陵的人雖多，卻不嘈雜。

說也奇怪，孔林內林木森森，照說應該鳥聲啁啾，可是連隻麻雀的影子都沒有，故有「鳥神怕沾污聖林，特下令禁止棲息」的神話。而孔廟裡也有大片的樹林，只見烏鴉成群結隊，飛來飛去，未見別類鳥兒出沒，據說，這種黑背白腹的烏鴉，僅孔廟有，當地人叫「慈白」，並認爲是神鳥。

由此可見，後人已把孔廟、孔林視爲聖地了。

孔子陵墓旁有一間小屋，屋前立有石碑，是當年子貢獨守廬墓六年之處，有許多人在那兒徘徊、沈思。孔子與子貢的師生之情，千秋萬世之後，仍讓人感動，受人景仰！

我想，在師生倫理觀念日趨淡薄的今天，到孔林一遊的人，不光是憑弔，總還會有一番省思吧！

三、誠信

團友中有位年近耳順的胖先生，帶著一位八十多歲的老人，到大陸旅遊兼返鄉探親。胖先生爲了安全和方便，胸前、腰間各繫小包，背上揹個沈重的大背包，全身披掛，一路上還要服侍老人吃飯、服藥、加添衣物，經常忙得汗流浹背，團友們原以爲他倆是父子，聽他解說方知是翁婿。

老人姓孔，是孔子後裔，他話不多，待人彬彬有禮，對待胖先生更是和藹可親，他倆那

「父慈子孝」的模樣，深深打動了團友的心！

闕里賓舍前的街道，有一排商店，我也未能免俗地找時間去逛逛。黃昏，夕陽餘暉猶戀戀不捨地映紅了城牆，商店的燈光已次第亮起，走進賓舍正對面的工藝品店，有位中年男子由櫃檯後站起來，臉上堆著親切的笑：「太太，妳要買些什麼？」

「我隨便看看。」

選購一本孔子故里遊覽，他收了錢，道過謝，又推銷另一貨架上的玉枕，玉枕摸起來冰涼，炎夏舖在枕頭上睡，必然舒爽，我有些心動：「打三折好嗎？」

「對不起，最多只能打七折。」

我搖搖頭，因爲，打三折是在大陸其他城市購物吃虧多次後的經驗，曲阜難道有例外？臨出店門，他遞給我一張名片，仍含笑說：「我們這裡做生意講誠信，不亂開價。」

逛到街尾，口袋多出幾張孔氏族人的名片，同時也印證了「不亂開價」，果然不虛。

夜市離闕里賓舍不遠，當夜色籠罩著古城，每個攤位便亮著一盞昏黃的小燈，有的賣衣物鞋靴，有的賣家庭日用品，最多的是火鍋小吃攤，這種「迷你火鍋」，放在燒紅的煤球爐上，湯水燒得熱滾滾地，攤上擺著洗滌好的蔬菜、片好的豬牛肉和魚蝦，食客要吃什麼便點什麼。我瞧見有個攤前，木桶裡養著幾隻碗大的貝類，一時好奇趨前問：「老闆娘，這是海產，還是……？」

年輕的老闆娘邊招呼客人邊切菜邊對我一笑：「這個嘛，是田裡產的！」

我指指另一盆活蹦亂跳的紅蝦子：「這也產在田裡嗎？」

「不，這可是在附近河裡撈的。」

「普通一鍋火鍋要多少錢？」問完，我立刻後悔，心想人家正忙著，而我光問不買，這下可要遭白眼了。

沒想到她沒有一絲不耐，還好聲好氣的回話，使我頓時如沐春風。深感走過大陸不少地方，到了有一半人口姓孔的曲阜，才領略到「禮義之邦」的「禮」字，可見，孔子的思想對後世，尤其對曲阜人的影響，既深遠且綿長啊！

從嘉峪關到敦煌

那天午後我們來到嘉峪關，不是星期假日，遊客稀少，關前冷清清的，陽光斜斜的把關樓的影子拉得長長地，突然颳起一陣秋風，漫天沙塵撲面而來，這時，不知怎麼的我好想一個人靜靜地走走看看。我跟地陪打聲招呼，便獨自走進關門。

嘉峪關雄峙於長城的西端，始建於明洪武五年，距今已有六百年之久，此關左右依山，易守難攻，是中國西北的門戶。關外是渺無人煙的沙漠地帶，俗語說：「出了嘉峪關，兩眼淚不乾。」料想，在那個交通工具不發達的年代，出關的人走入茫茫沙漠裡，兇險莫測，生死難卜，心中悽惶豈僅是淚流不止啊！

緩步由外城走入內城，城裡靜悄悄的，團友們不知鑽到那個角落去了。我站在空蕩蕩的城中，抬頭望，萬里晴空沒有一朵雲，四周城牆高大厚實，頓感天地悠悠，思古之幽情不禁油然而生。

這座氣勢雄偉，城樓巍峨壯麗的雄關，漢代的李廣、衛青、霍去病來過；唐朝的哥舒翰、封常清也來過；這些經邊的將軍使漢唐聲威遠揚於塞外，也寫下了不朽的英雄史蹟。還有唐朝的邊塞詩，有的讀之令人熱血沸騰，不由發出雄心壯志，例如王昌齡的出塞：「秦時明月漢時關，萬里長征人未還，但使龍城飛將在，不教胡馬度陰山。」有的寫盡戰爭的無奈和哀怨，如陳陶的隴西行：「誓掃匈奴不顧身，五千貂錦喪胡塵，可憐無定河邊骨，猶是春閨夢裡人。」邊關，其實充滿了歷史慘烈的戰爭，也充滿了無數陣亡將士的亡魂。

踩著凹凸不平的紅磚馬道上了城，眺望城牆外連接著一堵舊城牆，一直延伸入茫茫的黃沙中，長長地望不見盡頭，恍若時間的長河，銜接著今與昔。我拿穩相機把手臂伸出城堞，拍下此一鏡頭，方走下城來。

城中有座將軍府衙，圍牆高，庭院深，很像一般大戶人家的宅第，據說前面的大堂是將軍辦公的地方，後進的房屋是給家眷居住。也眞難爲這些鎮守邊關將軍的妻小，邊關戰事頻仍，難免擔驚受怕，萬一那天敵人攻破城池，這些家眷或逃亡、或自殺、或被害都有可能，想像城破兵荒馬亂的情景，耳邊彷彿響起殺伐和哀嚎聲，我心裡一驚，定定神，又一陣秋風捲起漫天沙塵。

×　×　×

從嘉峪關到敦煌將近四百多公里，幾乎都是大戈壁沙漠區，車行其中，宛如一葉扁舟航行在蒼茫的海上，孤單而寂寞。

在這茫茫的大沙漠中，只有玉門和安西兩個綠洲。玉門四周的沙漠蘊藏著豐富的石油，是中國最大的石油產地之一，沿途可以看到油井設備；安四的風聞名全國，據說，每當大風起時，飛沙走石，天昏地暗，一座沙丘，頃刻間，變得無影無蹤，或平地突然出現一座沙丘，地貌也爲之改變。

安西有句俗語：「一年一陣風」，並不是每年只有一陣風，而是這一陣風可以從年頭颳到年尾。那天我們經過安西的街上，曾停車下來買瓜果，雖然已是秋涼，但，風和日麗，碧空如洗，而且瓜果香甜，沒有想像中的蕭索。

當我們來到敦煌這個古老的城市，我有點不敢相信自己的眼睛，只見白楊樹下的街道，寬敞、整齊又乾淨，櫛比鱗次的街屋，呈現出幾許中國傳統的建築風格，飯店、餐館林立，中外遊客熙來攘往，這河西走廊最後一個綠洲，經過重新規畫，已蛻變成古典與現代兼具的觀光都市。

中外歷史記載，敦煌這位於沙漠中的綠洲城市十分出名，不僅由於其地理位置的重要，更因它有一座名震中外的莫高石窟，是古代中國藝術的無價寶藏。

數年前，曾聽到過絲路的友人談起莫高窟，看到的盡是破壞得很嚴重的洞窟。這次來我也不抱太大的希望，當導遊打開門鎖，引導我們進入第一個石窟，亮起手電筒的一剎那，我便深感震撼！忘記一共看了幾個石窟，只記得所看到的大致保存完好，這和友人所見爲何有如此大的差距呢？後來我問過導遊，才知道參觀門票分甲、乙兩種，甲種票價八十元，乙種票價十五元，票價如此懸殊，看的東西當然有別，這件事，旅行社應該有責任事先和旅客說明，免得千里迢迢，空入寶山，引爲撼事。

莫高窟從前秦樂僔僧人，在此挖掘巖壁並造神龕起，經北魏、隋、唐、五代、宋、元各朝代的開鑿，許許多多無名的藝術家共同創造了這一座舉世無雙的藝術寶窟。在極盛時代有一千多個石窟，可惜因年代久遠，有的被流沙掩埋，有的被人破壞，現在僅存四百九十二個，最大的像禮堂，最小的高不盈尺。造像爲泥質彩塑，神態因朝代各異而呈不同的風格；壁畫內容有佛像，佛教史跡、經變、神話、供養人等和裝飾圖案，異彩繽紛，美不勝收，是中國現存規模最大、內容最豐富的石窟藝術，並已於一九八七年被聯合國教科文組織列入「世界遺產名錄」。

敦煌除了莫高窟外，還有鳴沙山和月牙泉兩處自然景點，遊鳴沙山，騎駱駝和滑沙，既好玩又可以欣賞大漠風光，是遊客們的最愛；月牙泉靜靜地躺在鳴沙山的懷抱裡，由於氣流進出方向的影響，使得這一泓泉水，歷經千百年未爲流沙呑沒，而且水質澄澈，倒映著一角藍天，美得如詩如畫，蔚爲大自然奇觀。

莫高窟、鳴沙山、月牙泉與敦煌市區，近在咫尺，這是敦煌能夠發展成觀光都市的主要條件，我想，即使再過百年、千年，敦煌依然是河西走廊一顆最燦爛的明珠。

美的饗宴

一

加拿大的洛磯山脈有五個國家公園，是一條熱門的旅遊路線。公園湖泊多，有的湖水含有礦物質，呈靜止濃稠狀，看起來像是潑灑了一層青藍色的油漆，感覺很特別；有的晶瑩剔透，如靜置在山中的藍寶石；有的湖畔野花怒放，森林環繞，風光綺麗……。此外，還有冰原和冰川等奇景。

我飽覽湖光山色，也踏過了千年不化的冰原，來到一個叫大分水嶺的地方。那是一條毫不起眼的清淺小溪，到此一分爲兩條更小的涓涓細流，朝東的流入大西洋，往西的奔向太平洋。光看這兩條寬不盈尺的小水溝，實在很難相信它會流過千百里路，穿越荒野峽谷和城市鄉村，最後投入大海的懷抱。

我們的遊覽車離開大分水嶺，繞行在群山之中，不時見到弓河（往西的小水溝）的影子出現在車窗外。每當它由森林中蜿蜒而出，便有不同的面貌，可見豐富的水資源就蘊藏在那無邊無際的原始森林裡。因而，弓河也漸漸變成水量豐沛的大河了。

清麗的弓河奔流到班芙度假小鎮，這一段水域風光明媚，聽說是當年瑪麗蓮夢露拍攝「大江東去」的外景地。如今，景物依舊，伊人芳魂已杳，空留給遊人幾許的惆悵！冬季弓河結冰，河道成爲狗拉雪橇、人們作戶外活動的好場所，所以一年四季遊客絡繹不絕。

見證了弓河的成長，我深深地感動，同時也感到保護森林的重要。據導遊說，加拿大禁止砍伐森林，所需的木材，皆取自自然的淘汰；像雪崩壓倒的樹木，每年就不知有多少。而加國對野生動物的保護更是不遺餘力。我親眼目睹山區公路每隔一段距離，就建有陸橋或隧道，連接公路兩邊的森林，以供動物通行。因此，沿途常看到麋鹿或大角羊徜徉於路旁樹蔭下，甚至聚集在人們野外露營的四周。人與野生動物和諧相處的畫面，是多麼純眞美好呀！

二

秋天，許多花兒已逐漸凋謝，可是，在加拿大溫哥華島的南部，有一座布查托花園仍然百花盛開。這座集瀑布、噴泉、池塘、低窪花園、意大利花園、日本庭園……於一身的花園，最讓人津津樂道的是它原本是已經開採完了的舊石灰石礦坑，卻在礦坑主人布查托夫婦的智慧與巧思之下，重新規劃、整地，栽種來自世界各地的奇花異草，經過近百年的經營，才有今天的規模。

現在每年有百萬人到此參觀，成爲加拿大有名的觀光景點。花園裡的花卉，依四季的變化而更替。春天成千上萬的花蕾都開始復甦，五月百花齊放，空氣中充滿了春的氣息和喜悅；

夏天有芬芳醉人的玫瑰園和百花爭艷，尤其是夜晚還有彩色燈飾與音樂會、舞台劇，把夏夜點綴得美如仙境；入秋，變了色的樹葉、明燦艷麗的芍藥和高雅宜人的秋菊，是此季的主題；冬季則有粉紅色的石南和紅色的聖誕冬青果，爲大地增添色彩。

這座花園除了培育平常難得一見的花卉外，也大量栽種一些容易生長的花草，像各品種的海棠、波斯菊、大理花等等，因而能常維持花團錦簇的景象。

我最欣賞低窪花園。由瞭望台邊的杉樹和樅樹俯瞰，低窪花園如同一塊精緻絕美的彩色拼圖。這張拼圖有花床、小池塘、常春藤和草地，被巧妙的組合起來，遮去了原來坑坑洞洞的醜陋面貌。如果不是遠處那根被特意保留下的大煙囪，告訴人們花園過去的歷史，又怎能顯示出這座花園主人廢地再利用，化腐朽爲神奇，至善至美的心思呢？

三

雨，不大不小地下著，我們仍按照預定的行程到溫哥華市區的史坦利公園逛逛。公園濱臨港灣，海面上灰濛濛一片。初秋天氣有些兒涼意，海鷗總在海與陸地之間盤旋，楓葉已漸由黃轉紅。稍遠的青青草地上，不知什麼時候飛來一群鳥。說牠是鳥，可又大得像鵝；說牠是鵝，毛色卻又和一般的鵝不同。我忍不住好奇：「那是什麼鳥？」

「野雁。」導遊看我一眼說：「這裡的飛禽走獸都受到保護，看到人也不怕。」

「我想拍張照片，等我一下好嗎？」

導遊點點頭。我一手拿傘一手拿相機，往草地奔去。

猶記那年我在武漢，曾見一群群排成「人」字或「一」字形的大雁，在初升的旭日前，由漢水的方向，飛經城市的上空，飛過長江；也曾在淡水河口目送一行橫過落日的雁兒，飛往觀音山。這都只能遠觀，而不能接近，當然也未看清這古今多少遊子寄託鄉愁的鴻雁。

我怕驚擾雁群，放慢腳步，悄悄挨上前去。這群雁共有八隻，隻隻都和鵝一般大，尤其是翅膀長得特別壯碩，想必是因應長途飛行之故。仔細看，雁的頭、頸、足和尾巴漆黑油亮，灰背白腹，最明顯的是兩腮連下巴那溜白，白得耀眼亮麗。

雨依然下個不停。紅楓樹下的野雁看到我，嘎嘎叫了兩聲，大搖大擺的扭轉頭，頑皮的把尾巴對著我，又低頭一心一意在草地上覓食。我忙舉起相機，捕捉這美麗又可愛的鏡頭。

南島隨筆

一

從奧克蘭搭紐西蘭國內班機飛往南島基督城，由於天氣晴朗，機窗外視野遼闊，不久就看到高聳入雲的南阿爾卑斯山脈。一座座海拔三千公尺以上的山峰，積雪如朵朵呈輻射線狀的大白菊，藍色的河流彎曲像細長的電線；雪線以下，濃綠茂盛的原始森林密佈，山麓一片連一片深深淺淺的綠色草場，散佈著一群群牛羊，這就是紐西蘭南島這塊大地看不完的景象。

基督城鐵、公路四通八達，空中交通便捷，大街上放眼皆是十九世紀英倫風情的古建築物，而且家家戶戶都把庭院打理得花團錦簇，可以說，是名副其實的花園都市。

有人認爲城內那條風光明媚的艾芬河，像極了英國劍橋的康河，劍橋我沒去過，也太遙遠，我倒覺得艾芬河與早年臺中的綠川很像哩！

這條貫穿基督城市區的河流，水質相當清澈，水量豐盈而徐緩，沿岸楊柳垂拂水面，有的地段巨木如傘，濃蔭處處，河裡漂動著長長的水草，野鴨悠游其間，遊客和當地居民，或駕一葉扁舟順流而下，或在河邊散步、看書、曬太陽。

橫跨艾芬河的橋樑有好幾座，其中最出名的是造型優雅的追憶橋，在第一次世界大戰期間，即將要出征的兵士，由軍營出發到車站集合，經過這座石橋，看見橋下流水悠悠，不禁沈湎在回憶裡……，因而得名。

這條如詩畫般美麗的河流，緊鄰著大馬路，汽車往來頻繁，形成一幅鬧中取靜的和諧畫面，也是它令人留連忘返的地方。我們來回南、北島，兩次經過基督城，當我離開時，忍不住頻頻回頭，目送艾芬河漸漸消逝在我的眼眸中，心中不由興起幾許戀戀不捨的惆悵，也許是這河與我記憶中的綠川有些相似之故。

二

遊覽車沿著瓦卡蒂波湖邊的公路行駛，皇后鎮在湖的對岸，這湖呈狹長形，走了半天，還是遙遙相對，有位性急的團員問：「爲什麼不在湖上興建一座吊橋，縮短兩岸的距離，節省時間方便遊客出入呢？」

「我就知道有人會這麼問，」領隊聞言回頭睨大家一眼說：「中國人喜歡造橋、建涼亭，紐西蘭人的想法和我們不一樣。聽說曾有人提議在湖上建橋，可是皇后鎮的居民堅決反對，他們寧願捨近求遠，也不願破壞大地原來的風貌。」

或許大家對臺灣山坡地的濫墾濫建、對最近發生的土石流和水災，記憶猶新，便都沈默了。

皇后鎮人口僅一萬兩千人，十之八九從事旅遊相關行業，而每年蜂擁而至的遊客竟有六十多萬，因此觀光活動花樣很多。你可以乘坐纜車上四百五十公尺的包伯斯峰的餐廳，邊用餐點邊欣賞一城山色半城湖；也可以看農場秀、騎馬、餵羊仔、擠牛奶，如果你覺得這些不夠刺激，不妨參加高空彈跳、坐直升機上冰河、白水泛舟、乘噴射快艇等等。

那天我們到離皇后鎮不遠的格蘭諾，半是好奇半在團友們的慫恿下，我鼓起勇氣穿上救生衣和雨衣，然後登上停泊在碼頭邊的噴射快艇，船長要我們緊握住前面的扶手，接著「咻」地一聲開船了。只聞耳邊風聲呼呼，水花四濺，好像整個人隨時會飛出去似的，心吊在半空中，還來不及後悔，就被快速後退的絕美景色給迷住。

這條蜿蜒的河邊，遍佈深潭和淺灘，河兩旁裸露的陡峭岩壁，觸目驚心，長在水裡的叢樹，如迷魂陣，三番兩次眼看著要撞上岩壁或樹叢，大家尖叫聲連連，而船長總胸有成竹的往旁一閃而過，這些驚險的鏡頭，不是在〇〇七電影片中才看得到嗎？這還不打緊，每當船長伸出食指在頭頂繞圈圈，表示要玩噴射旋轉，刹那間，一陣天旋地轉，全船的重量偏向一邊，坐在靠邊的人，一不小心會碰撞到船舷，這種三百六十度的急速原地旋轉，比坐雲霄飛車更刺激。

快艇返回碼頭後，我發覺手臂青紫，右邊肋骨也隱隱作痛，可是我一點也不在意，因爲玩得很快樂！

三

剛離開皇后鎮，就看到滿山遍野金黃色的花樹。據那位毛利人司機說，這花叫金雀花，是英國人引進來當圍籬的，現在早已不用此花樹做圍籬了，可卻在山野間蔓延開來。春天正是花開季節，如果搭乘阿爾卑斯高山觀景火車，沿途崇山峻嶺，盡是黃橙橙的花海，看也看不完。

我們的遊覽車跟隨著金雀花的蹤跡，來到了箭鎮。這個只有二千居民的古老小鎮，有一條產沙金的箭河，領隊帶我們來參觀淘金熱時，淘金客居住和工作的地點。

據說，當時有三十五個華人千里迢迢到這裡來淘金，他們在箭河岸邊結廬而居，自成一個小小的聚落，過著原始簡陋的生活，他們遺留下數間矮小破舊的石屋，每間屋內都鋪了石板，約可容納四、五人，進門的角落一團漆黑，想必是寒冷的冬天，燒火取暖所留下的痕跡。

四

換乘吉甫車，行駛在奧塔哥半島的丘陵地帶，兩旁的斜坡散佈著許多羊群，草原延伸到海邊，一條小徑直通到但尼丁黃眼企鵝保護區。下了吉甫車，在保護區工作人員的引導下走進壕溝，彎彎曲曲的壕溝有半人深，露出地面的部份搭起粗網，網上爬滿了藤葛，像綠色隧道（很好的偽裝），溝內有分叉路，通往觀察亭。

觀察亭是利用地形用木材搭建的，只留幾個長方形的洞口做爲觀察用。這一切是爲了怕驚擾區內那些珍貴的黃眼企鵝，所做的生態環境保護措施。

我們彎腰魚貫走在壕溝中，海濤聲聲入耳，網外野地裡草木叢生，幾座小水池不時有野鴨出沒，走到壕溝盡頭，便是觀察亭。亭外散置數個三角形的巢箱，供企鵝棲息並保護孵化時不受其他動物的侵擾。

我們來的不是時候，企鵝大多出海覓食去了，只看到一隻站著假寐，一隻臥在巢箱內睡覺，前者站的角度有陰影，後者光線較亮。這種世界稀有的游禽類，一般重約五、六公斤，高約六十五公分左右，對聲音和光線非常敏感，因此，我們說話不敢大聲，拍照不能用閃光燈，盡量保持肅靜，這也是保護區對每個遊客的要求。

從壕溝出來，走上山丘，老鷹在天空盤旋，海狗在山崖下曬太陽，海風輕輕拂過身旁，彷彿在說，這世界多麼安詳美好啊！

水上之城威尼斯

城市的誕生

威尼斯位於義大利的東北部。這個城市是由一百二十多個小島、一百多條大小運河、四百多座形式不同的拱橋所構成。

據說，西元五百多年有一大批難民，因爲戰爭逃到這片遍布島嶼和沼澤的地方，爲了生存，他們克服許多困難建立了威尼斯。經過好幾百年的經營，不斷的有新移民遷入，威尼斯商人又冒險向東方發展，開拓海上貿易的機會，從公元一千一百年到一千五百年，威尼斯稱霸地中海有五百年之久。他們利用從貿易上所獲得的龐大財富，在各小島上建築宏偉的教堂、巨大的廣場和豪華的住宅，使得威尼斯成爲一座非常有特色的美麗城市。

最近幾個世紀以來，威尼斯的經濟漸漸衰退了，尤其是第二次世界大戰後，威尼斯的地層下陷，漲潮時常有水患，加上運河汙染嚴重，生態環境被破壞。現在大運河沿岸有些聳立在水中的古老建築；例如聖馬可廣場由於接近海平面，每遇漲潮就淹水，還流入聖馬可大教堂裡。教堂的地面已變形，精美的牆壁也潮溼黝黑；而小運河兩岸，一棟接一棟的三四層樓房，有的一樓泡在水中，有的工人正在加高地基，有的已人去樓空。這種情形不禁令人擔心，威尼斯有一天會沉入海底呢！

聖馬可廣場

威尼斯的觀光客幾乎都會到聖馬可廣場去走走，因為，這裡埋葬著威尼斯人心目中的守護神——聖馬可的骨骸。

廣場四周有幾座不同風格的建築物，其中最特殊的是聖馬可大教堂和總督宮。聖馬可大教堂的大門頂上有四匹神采飛揚的銅馬，是威尼斯人從土耳其君士坦丁的競技場取回來的，代表的是榮耀；教堂本身的建築，可以用精雕細琢來形容。值得一提的是，教堂內由地面、牆壁到屋頂，都用小塊的彩色瓷磚，鑲嵌出宗教人物、故事和各種美麗的圖案；寶物館則陳列著聖骨和黃金打造的聖器。

教堂左邊緊鄰著總督宮，這是古代的行政中心；宮中收藏了很多藝術品、十字軍東征時所用的刀劍和盔甲。這裡有些房間鑲銀鍍金，裝飾得富麗堂皇，甚至還有黃金階梯呢！然而，走過一條窄小的通道，就到了對面的監獄。這條通道是一座密閉的橋梁，兩邊各留兩個格子窗，橋下是小運河。這就是著名的嘆息橋。

運河

打開威尼斯地圖，圖上的大運河像是個倒寫的大「S」，蜿蜒通過威尼斯中心，一如這個城市的大馬路。大運河沿岸有看不完的古老宮殿和教堂，這些美麗偉大的建築，正面都朝向運河。遊運河，最方便的是乘坐手划的平底船，當地人稱爲「貢多拉」，或搭乘水上巴士。

貢多拉船有專門停靠的碼頭，船兩頭尖而彎，中間寬，形狀像月牙兒，船身漆成黑色，可以載客四到六人；水上巴士載客比較多，班次頻繁，設有船站和夜間照明的水路燈，是威尼斯特有的交通工具。

如果說大運河是人體的大動脈，那麼密如蛛網的小運河就是微血管咯！威尼斯小運河兩岸的人家都有條小舟。運河上除了小舟外，大多是載客遊河的貢多拉船，有的遊客雇請樂師隨船彈唱，也有人喜歡自彈自唱。當船夫搖櫓滑行過彎彎曲曲的水道，歌聲嘹喨，眞是美麗又浪漫啊！

龐貝古城

義大利的地形像一隻長統靴，而龐貝，就在靴踝的地方。

龐貝前臨風光美麗的拿波里灣，背枕煙霧繚繞的維蘇威火山，山腰上長滿了翠綠的橄欖樹，紫紅的葡萄和黃橙橙的檸檬。古代的龐貝，土地肥沃，物產豐富，商業發達，人們過著豐衣足食、紙醉金迷的生活。聳立在身旁的維蘇威火山，則不時的小小震動一下，龐貝的人們早已習以爲常，加上古時對地震的知識有限，所以並沒有特別注意它的動態。

西元七九年八月二十四日午後，維蘇威火山突然發出一陣轟隆巨響，接著噴出的火山灰和浮石，如驟雨急落下來，火紅的岩漿，像洪水般的淹沒了這個繁華的城市，從此，龐貝就從地球表面消失無蹤。

西元十七世紀，在維蘇威火山西方的雷吉那小鎮，有一群工人在田野鑿井，無意中掘到一塊精雕的大理石，而且越往下挖越多。這些工人把挖掘到的物品拿去販賣，又到處傳說這件鄉野奇事。後來傳到波本王朝的皇帝查理三世的耳中，引起他的好奇；於是，雇請著名的工程師和大批的工人，開始大規模開挖，許多大理石雕像和古物，紛紛出土，這個消息很快傳遍了歐洲大陸。

到了西元一八六〇年，在義大利考古學家菲奧列里的指揮監督下，作有系統的挖掘和整理，才把這座失蹤了一千六百多年的龐貝古城，呈現在世人的面前。

走進這座被義大利政府列爲博物館的古城，兩旁的斷垣殘壁，仍可以辨認出當時的神殿、劇院、競技場、市集、市政廳、公共浴池……，還有一幅幅的壁畫，活生生描繪著太平盛世的光景，說明了古代的文化水準，與現代相比，可一點兒也不差！

意大利威尼斯

羅馬的噴泉

羅馬是一個古老偉大的城市，這個城市處處有廣場，而每一個廣場幾乎都有一座噴泉，這些大小不一的噴泉，大多以神話故事作爲雕塑的題材；因此，羅馬給人的印象是廣場多、雕塑多、噴泉也多。噴泉的造形很美，水質清澈，可以生飲。

起初，古代的羅馬人用很多的人力和物力，從二三十公里外的地方，引水到市區供人們飲用，那時水利工程做得很堅固，用了幾百年還是好好的，後來羅馬帝國強盛，更有能力講究美觀。他們將供水設備改良，配上栩栩如生的雕像，成爲今天舉世聞名的噴泉。在衆多美麗的噴泉當中，最讓人津津樂道的是幸福噴泉、四河噴泉和破船噴泉。

幸福噴泉位於市中心區。據說，遊客背對著泉水，從左肩拋錢幣進池裡，心中許個願，願望很快會實現，所以又叫「許願泉」。這座噴泉的背景是一座有石柱、拱門和雕像的石坊；石坊前的噴水池有威武的海神腳踏在大海貝上，前面一對人魚駕著神馬踏水奔馳，泉水由石坊後面潺潺的流出，看起來眞是美極了！

四河噴泉在那沃納廣場。噴泉的雕塑分成四部分，代表世界四大洲的大河：代表非洲尼羅河的石像，頭上包著頭巾，旁邊有棵棕櫚樹，表示這條河經過的地方大多很荒涼；代表歐洲多瑙河的是方尖形石碑和一隻獅子；代表亞洲恆河的石像，一隻手拿著枝葉茂盛的樹枝；代表美洲拉布拉多河的是黑色巨大巨像，身旁有金幣，腳下有隻怪物。由於這座噴泉含有豐富的想像力，被認爲是羅馬噴泉中的精品。

破船噴泉小巧又可愛，說它是破船，其實更像是一條魚肚翻白的大魚呢！它位於西班牙廣場前，後面是著名的西班牙臺階，左邊粉紅色小樓是詩人雪萊的故居；附近的街道名牌精品店林立，這是一個迷人的地方。

內蒙古成吉思汗陵

短篇小說

作者攝於萬里長城的終點—嘉峪關

頑石點頭

十年前，我是一個令父母煩惱，學校頭痛的問題學生，校裏校外的是是非非總有我的份，所以記過是常事。老爸的忠言，老媽的淚水，只能讓我「暫時回頭」，過不了多久，便又故態復萌了。

在校內，憑著有幾個臭味相投的同學，要整同學易如反掌，同學們莫不懼我三分。然而，「兔兒不吃窩邊草」，何況眼看著高中就要畢業了，因此約束難兄難弟，在這段時間內，儘量作個「乖寶寶」。

就在畢業前夕，老五和他校的學生，爲了爭奪「馬子」起了衝突，嚥不下這口氣，跑來找我：

「潘頭，這事你不能不管，他們幾個人打我一個，算什麼嘛，往後我們還有臉混下去？」

「呸！明知道在這個節骨眼不能出差錯，還爭什麼『馬子』。」氣得我摔了他一個耳光，猶豫了好半晌，才決定：「算了，拚著被記過，也得扳回這個面子！」

到了雙方約定談判的那晚，我帶著幾位難兄難弟往僻靜的河堤邊走去，微弱的星光下，河堤黑影幢幢，我拉著老五上前發語：

「我們帶著哥兒們向各位討回公道，只要你們道個歉，這檔事便作罷。」

「怎麼，小漢仔，不想要『馬子』了嗎？」

老五衝動的掙脫我的手，向對方衝去，我一揮手：

「哥兒們，幹上了。」

雙方立刻展開一場混戰，我迎著「矮腳虎」，打得難分難解，冷不防，小腿一涼，被他刺中一刀。

「嚇！他媽的，玩陰的，吃我一記。」一個過肩摔，把那矮腳虎摜倒在地。這時，忽然傳來哨音，我心中一凜，機警的呼叫：「我們快跑，警察來了！」

我匆忙的奔向附近的暗巷，小腿的傷口血流不止，頭有點暈。正感手足無措時，迎面來了一位中年人，看到我的模樣，一把扶住我：

「年輕人，你的血流多了，不先止血是不行的。這樣吧，我要去車站，順便送你上醫院去！」

傷口雖然不小，幸好未傷到筋骨。我正愁身上的錢不夠付醫藥費，又不敢通知家裏，那位中年人說：

「醫藥費我付過了，休息一下，我叫車送你回家。」

「謝謝您，先生您貴姓？」

「姓趙。」中年人右邊的眉間有一道明顯的刀疤，他打量著我：「你……還是學生吧？」

我瞪了他一眼，點點頭。他意味深長的說：

「這一刀，若是下手重些，落個殘廢，那是咎由自取，不但不光彩更是不值得；這一刀，若是爲國家民族而挨的，那又大不相同。」停了停，他又接著說：「泰山與鴻毛，孰重孰輕，你當會衡量吧！」

我盯著他臉上的刀疤看，倔強的撇了撇嘴，他微微的笑了笑，手撫著刀疤淡淡的說：

「這是我像你一般大時，和日本鬼子作戰受傷的；這是和土共肉搏被刺刀刺的。」他摸摸手臂又捲起褲腳：「還有大腿上的傷，是八二三砲戰時留下的……」

看著他纍纍的傷痕，猛然間，我只覺眼前的中年人是那樣的高大，而我卻……卻如此的渺小。

「回家吧，你的爸媽一定等急了。」

坐上計程車，我才回過神來，急急的問：

「趙先生，請告訴我地址，我好寄還醫藥費。」

「區區小事不必在意。」他緊緊的握了握我的手：「年輕人，請聽我一句話：正路與邪道，全在你的一念之間，你要好自爲之！」

腿傷好了後，我悔改前非，幾個難兄難弟散了，我重新埋頭苦讀。次年以同等學歷考入陸軍官校，接受嚴格的軍事教育。

如今，我已脫胎換骨成爲有抱負、有理想的革命軍人了。

「報告。」調到某師部當侍從官，參一科科長帶我去見師長。

「進來。」推開門，師長正低著頭看公文。我趨前行禮：

「報告師長，我是潘人傑，今天來報到。」師長徐徐的抬眼望向我。

「啊！師長您是……」這容貌雖然蒼老多了，但那濃眉、刀疤給我的印象太深刻，莫非眼前的長官就是當年幫助我的中年人？

「你是……」師長疑惑的注視我。

窘迫之下，我靈機一動，捲起褲管，指著傷疤說：

「師長，您還記不記得十年前的一個晚上，您……」

「哦，哦！我想起來了，你就是那位年輕人啊！」師長恍然大悟，連連的說：「沒想到，眞沒想到會是你！」

科長站在旁邊，等明瞭了眞相，湊趣的說：

「報告師長，這是意外重逢！」又轉向我：「老弟，你這是『浪子回頭金不換』，眞有你的！」

幻

維貞今早刻意的抹胭脂擦口紅，穿套光鮮的衣裙，趿雙高跟涼鞋，看來婉約動人，果然和平日不同。她手拎著菜籃上菜市場，賣魚的見了她，眼睛一亮：「哇，于太太打扮得好漂亮，要去那兒呀？」

「沒有啦，晚上家裏有客人，出來買點菜。」她苦笑著：「我要一條活的紅魚，妳幫我殺好哦！」

「沒問題。」賣魚的抓起一條活蹦亂跳的紅魚，用刀背重重的一敲，魚便靜止不動，任人宰割。

維貞付了錢，順手把魚往菜籃一放，邊走邊盤算還買些什麼菜，無意中瞥見一個長相不惡的男人，一直注視著她，菜市場裏，人來人往，除了和熟人打打招呼，誰也不去注意誰，維貞毫不在意的走到經常光顧的菜攤前，賣菜的看到老主顧來了，笑咪咪的說：「于太太，今天穿得水當當，要去踢頭喲！」

「莫啦莫啦，那有水呢？」維貞在大庭廣衆之下連連被人讚美，不禁心花怒放：「我要一把甘藍，兩隻竹筍……」忽然，菜籃子震動了一下，好像被人碰撞，她本能的回轉頭，看到那個男人站在她身後，似笑非笑地睨著她，她想，這個菜攤人並不多，他幹嘛撞我？不由暗罵一聲：無聊！

買好了蔬菜，維貞來到燒臘店，買烤雞、獅子頭……她發覺那個男人也跟過來，買了點炒好的現成菜餚，眼光老是有意無意的瞟向她，那眼光，柔柔的並無惡意，在熙熙攘攘的人群中，被人特別地注意著，維貞的心蹦蹦的亂跳，帶著些許虛榮的興奮。

想到紹武近來常挑剔她這樣，挑剔她那樣，把她貶得一無是處，維貞心中老憋著一口悶氣，無處發洩。今早爲了請客的事，她多說了幾句，紹武居然嫌她嘮叨、邋遢，像個黃臉婆，她忍住氣把兩個孩子送上娃娃車後，和他吵了一架，他氣沖沖的躲入書房，他就是那種有本領可以和老婆「冷戰」一個月不說話的人。結婚七年，她生了一對活潑可愛的兒女，爲了給紹武和孩子一個溫馨的家，她放棄了理想，放棄了待遇優渥的工作，全心全意的走入家庭。平常居家過日子，衣著打扮隨便慣了，當然不能和初婚時，講究髮型，穿流行服飾相比，才幾年嘛，紹武竟說她如黃臉婆，講得她都要失掉信心了，難道「居家」生活，容易埋葬女人的青春？

此時受到別人的注目，維貞一肚子的委曲和悶氣才稍稍舒解，同時也扳回了一點自信。

維貞腳步輕快了許多，又到水果攤前，選了一串荔枝和半個西瓜，她拿不了，留下地址，吩咐小販把水果送去她家。這會兒，她手提的菜籃又震動了一下，那個男人一直陰魂不散的跟在她的左右，她心慌了，不要是遇上了登徒子之流，不然，偌大的菜市，那有那麼巧老遇到他呢？光天化日之下她倒不怕什麼，只是他的頭髮理成平頭，怕是甫出監獄的強徒，選定了目標，伺機想作案。

這麼一想，維貞原先的一點兒虛榮的興奮，霎時一掃而光，報紙上許多白晝搶劫的新聞，一一浮上她的腦海。她想，要是紹武在就好了，可是該死的紹武，即使連休假都不願陪她上菜場，只知道舒舒服服的蹺著二郎腿看報喝茶，說什麼「君子遠庖廚」，硬是不屑於幫忙拎菜籃做家事，也不想想，現在是什麼時代啦，還與這種迂腐老掉牙的思想。唉！怪只怪自己，樣樣由他，把他給「慣」壞了，久了自然理所當然的茶來伸手，飯來張口，自己落得吃力不討好，心裏多少還有些不平衡哩！

維貞怕被跟蹤，抓緊錢包急急的離開菜市場。匆匆的走到十字街口，正好紅燈亮了，她焦急的站在街邊等著，這時，菜籃子又震動了一下，她大驚失色，驀然回頭，又看到那個男人亦步亦趨的跟在背後，正對著她頷首微笑，她心中嘀咕：好傢伙，跟人那有這種跟法？她火了：「你這個人，好不要……」

「臉」字尚未出口，忽然，菜籃子又窸窣一聲，這回維貞清清楚楚的目睹，那條躺在菜籃裏的紅魚，猶未斷氣地掙扎了一下。

那個男人驚奇的瞪大了眼：「妳……」

啊！原來是……維貞張大了嘴，硬生生的把罵人的話嚥回去。

綠燈亮了，那個男人帶著一抹不知所以的神色，瞅了瞅她，快步的橫過馬路，而維貞紅著臉，尷尬的低著頭，朝對街走去。

菲律賓馬尼拉灣的落日

晚安！巴黎

艾美和丁敏走出飯店大門，本想去香榭里舍大道，考慮到距離住處較遠，怕天黑迷路，退而求其次在附近的街道逛逛。

法國巴黎是個美麗典雅的藝術之都，跟著旅遊團在此地停留的那幾天，參觀了歌劇院、羅浮宮、凡爾賽宮、蒙馬特區……深深感染到花都的浪漫氣息，幾次經過凱旋門前的香榭里舍大道，行程竟然緊湊得沒空稍作停留，坐在路邊露天咖啡座上，悠悠閒閒地瀏覽街景，體會一下巴黎人的生活，那麼白天沒時間，就趁夜晚找家咖啡館坐坐，也算聊勝於無。

那一排排整齊的老街屋，廊柱雕刻著許多栩栩如生的人物和花草，家家戶戶精緻的黑色鏤花欄杆，窗台種滿色彩繽紛的小花，室內的燈光透過深垂的蕾絲窗帘，柔柔地映照在花兒上，街燈也把高大的梧桐，襯托得如詩如畫，走在這樣優美的街道上，艾美不禁歎道：「好個羅曼蒂克的城市，如果再年輕一次多好！」

丁敏斜睨她一眼：「難道中年女子就沒有浪漫情懷了嗎？」

「妳說，怎麼個浪漫法？」

「這還用說，」丁敏興致勃勃地說：「例如，在路上遇到個令妳心儀的男士，然後發展成……」

「瞧妳，」艾美打斷她的話：「又在編劇本啦！」

「而且是連續劇，不但編還想演呢！」

「得了吧，這事若是發生在妳身上，妳那個愛呷醋的老公知道了，會怎樣？」

「我才不怕，」丁敏捶她一拳：「誰像妳被老公欺負死了，連想都不敢想，眞是有夠膽小！」

「誰說我膽小，我……」艾美把溜到嘴邊的話，又嚥回到肚裡，掩飾地還她一拳，像似又回到打打鬧鬧的學生時代。

春天的夜晚，仍有些兒寒意，露天咖啡座空無一人，有的連桌椅也收到屋角去了，她倆走進一家咖啡館，選了個臨窗的位置坐下來，各自跟女侍點了杯招牌咖啡，才仔細地打量周遭的環境。這家咖啡館顧客不少，燈光燦亮，座位與座位之間既少花草盆栽點綴，也無輕柔的音樂，丁敏微皺著眉說：「要不要換另外一家？」

「算了，」艾美懶洋洋往後一靠：「既來之，則安之。」

「好吧，聽妳的！」

不一會兒女侍送來咖啡，對她倆露齒一笑轉身走了。艾美盯著面前那只小小的咖啡杯，一縷熱氣由杯中裊裊升起，濃濃的香味凝聚在鼻尖，淺啜一口，醇厚濃稠，眞是美味極了，可惜丁敏喉病未癒，不敢多喝刺激性重的飲料，另外叫了一杯牛奶，有趣的是端來的牛奶杯大如茶缸，看著這一大一小不成比例的兩種杯子，她倆忍不住哈哈大笑。

艾美警覺到自己的失態，連忙捂住嘴。

「怕啥，有人比我們笑得更大聲呢！」丁敏朝旁邊呶呶嘴。

隔著走道的一張長桌，坐了八位法國中年女子，從進來用餐點就一直不停地說呀笑的，說笑到忘形處更是「聲震四鄰」。也許和鄰座年齡相若，又受到歡樂氣氛的感染，艾美和丁敏漸漸敞開胸懷，亦眞亦假地互相開玩笑取樂。有人說，在她們這個年齡層次的女人，經過歲月的風霜，感情是複雜的，很少有人願意把心底的祕密公開，即使對知心好友也有所保留。

丁敏越說越高興，不過，想到兩杯咖啡、一杯牛奶要泡到半夜，又有點不好意思，便起身走到櫃檯前比手劃腳地點了兩份甜派，回座後，掏出口紅、小鏡，對鏡細細地描繪她底紅唇。

「怎麼啦？」艾美眼睛眨也不眨地望著她。

「妳知道嗎？」丁敏神祕的放低聲音：「這家店掌櫃的可是個大帥哥。」

「莫非……妳想譜一曲巴黎之戀？」艾美用手指把垂到前額的短髮往腦後梳了梳。

「嘻……有可能喔！」丁敏輕狂地挑高眉毛。

「妳老公又沒做過對不起妳的事，妳還……」

「現在是不錯啦，可是並不表示他永遠對我忠實，」丁敏把口紅和鏡子收到皮包裡，又說：「妳知道嗎？每當他談論某某人有外遇，那口氣不知有多羨慕！那天他要是敢做，哼！我可不像妳那麼好說話。」

說著說著，話題又轉移到艾美身上，她總覺丁敏有意刺探，連忙在心裡築成一道藩籬：「兩個孩子都十幾歲了，我能怎樣？」

「難道妳就這樣鬱鬱寡歡地過下半輩子？」丁敏試著推開她的心防。

「那可不……」艾美由皮包掏出香菸和打火機：「妳要不要試試？」說著，自己先點燃一根菸，吸一口，再徐徐吐出。

淡淡的青煙，繚繞在兩人之間，隔著這層煙幕，丁敏看著艾美動作熟練的點菸、抽菸，訝異之餘，連說話也有些結巴：「妳……妳……什麼時候學會吸菸的？」

「最近吧，」艾美故意往丁敏的臉上噴了一口菸：「人多的場合我通常不抽，所以妳不知道。」

「討厭，」丁敏伸手揮去面前的煙霧：「我記得妳以前最不喜歡菸味，現在爲什麼反而吸上了？」

「唉！」艾美嘆了一口氣，便自顧自地抽她的菸，直到那根菸抽完、按熄，丟到菸灰缸裡，才開口：「還不是爲了我老公的事，心情煩悶，吸上的！」

「這就奇怪了，妳老公不是結束『十四年之癢』，和妳和好如初了嗎？怎會……」丁敏的眼光停留在艾美那張刻劃著歲月痕跡卻依然秀麗的臉上，心裡感嘆著男人的喜新厭舊與女人的青春易逝。

這時，掌櫃親自送來甜派，又殷勤地把桌面清理乾淨，丁敏望著他離去的背影，笑說：

「這位法國男士長得不賴是吧！」

表面上丁敏敢說敢做，好像是個豪放女的，其實，她非常保守，喜歡說著玩兒，從不當眞。這一點艾美很清楚，所以沒答腔，只把玩著右手無名指上的婚戒，再度勾起心底的痛苦與糾纏不清的心結……

發覺老公有外遇是一年前的事，艾美像一般傳統的女性，每天忙著上班、理家、督促子女做功課，幾乎一手包辦所有的家務，而老公竟然背叛她，她氣憤、傷心、甚至對自己失去信心，她經常打電話向丁敏傾訴。這樣過了半年，漸漸的，她不再說老公的不是，另以一種壓抑的快樂口吻和丁敏談論衣著打扮、節食瘦身等等，丁敏直覺地感到她的改變，認爲她已熬過那一段失魂落魄、苦澀陰霾的日子了。

不久前開同學會，當艾美遲遲出現在餐廳門口，大家眼睛一亮，只見她穿著一襲鵝黃色的短套裝，剪了一頭俏麗的短髮，臉上漾著甜蜜的笑容，霎時，青春彷彿又回到她身上，同學們說她駐顏有術，紛紛向她打聽保養美容的方法。然而，她的一舉一動，卻逃不過丁敏銳利的雙眸，因爲戀愛中的女人，不管如何掩飾，眼底總藏不住那抹如痴如醉的火焰。

「我又戀愛了！」艾美多麼想告訴全世界的人，可她什麼人都不敢說，畢竟這種事只宜你知我知。

今夜，許是在浪漫的巴黎，又和丁敏玩了好一會「迷藏」，她忽然有一吐爲快的衝動：「老實說，我和我老公和是和好了，可是未必如初呀！」

「哼！妳老公還有問題嗎？」丁敏拿起刀叉用力切下一角派餅，那咬牙切齒的模樣，像是切下男人身上的一塊肉。

艾美呆了半晌，想到有個週末和李、林、張三位女同事一塊兒飲下午茶，那一陣子，臺灣正吹著什麼午妻、包二奶這一類的歪風，臺灣的女性，尤其有老公在大陸經商的更是感到威脅，她們的談話內容自然離不開這些流行的話題。

李先搶著表示意見，如果她老公偷偷地養「二奶」，只要斷絕他的經濟來源，保證他乖乖地回到身邊；林性情剛烈，她激動地說，她老公感情若敢出軌，她一定白刀子進，紅刀子出，然後自殺，大家同歸於盡；張則主張包容，她認爲男人在外面拈花惹草，大多是逢場作戲，日久生厭，她會裝作糊塗，和平常一樣的溫柔體貼，相信他總會回頭的。

同樣的事情眞的發生在艾美身上，她想起這三個女同事的話：切斷經濟來源，那是不可能的，因爲她老公身兼數職，她掌控不了全部的經濟，所以他才有能力另外金屋藏嬌；要她白刀子進，紅刀子出，那樣太暴力、太血腥，她沒有膽量也做不來；若要裝作糊塗，等待他回心轉意，她自忖沒那個度量也不甘心做怨婦。

男女的感情，在天秤上有一定的比重，一頭太重或太輕，都不平衡，會失控的。爲了兒女的幸福與維持一個完整的家，艾美和她老公妥協，而她老公也毅然結束了外遇，表面上這場風波已經過去，家又恢復到往日的寧靜，可是，私底下她總覺老公對她的愛根本回不到原點，她有說不出的空虛和怨懟：「問題不在我老公，而是我心裡一直不平衡。」

「是嗎？」丁敏又切下一片派餅，下刀是輕輕的，說話也是輕聲細語：「妳容光煥發，顯得年輕又有活力，像朵盛開的玫瑰，不像有什麼……」

「那是因爲我……我又……戀愛了！」艾美取下婚戒丟到咖啡杯裡，用小匙有一下沒一下地攪動著。

「眞的！」猜中好友的心事，丁敏有幾分得意，但仍不免興奮和好奇：「快說，對方是誰？我認識嗎？」

「是誰不重要，」一口飲盡杯中剩下的咖啡，艾美又點燃一根香菸，連吸幾口才鎭定下激盪的心情：「重要的是我又有初戀的感覺，這種感覺令我又快樂又害怕。」

「對方還是單身？」

「不，」艾美搖搖頭：「有老婆、孩子。」

「這不好，」丁敏放下刀叉，一本正經地說：「以前別人介入妳的家庭，妳痛苦不堪，現在妳反過來把快樂建築在別人的痛苦上，這樣不道德，更不對。」

「所以，我只想要有一份純純的愛。」

「天啊！妳不要天眞了好不好？」丁敏認眞地說：「所謂純純的愛，久了大多會變質，變質就陷入錯綜複雜的境地，最後妳會進退不得，傷害必然更深。」

與愛情相遇，不管年輕或年老，都有些天眞，因爲，戀愛可以滋潤枯萎的心靈，可以使人飄飄然，這種感覺眞好！

窗外是巴黎的街道，雙雙對對的情侶，卿卿我我地走過，咖啡館裡也有人依偎著情話綿綿，鄰座那幾個法國女子談興正濃，艾美透過這陌生而有情的異鄉風情，冷靜審視自己內心的世界。

「妳知道嗎？」她揮去長長的菸灰，說：「我追尋的是我失去的，我的心裡才能平衡。」

「妳……潛意識裡是不是存著報復妳老公的念頭？」丁敏雖同情艾美，但站在好友的立場卻不能不提醒她：「而且這樣找平衡點是在玩火呀！」

報復，我有嗎？艾美沈默不語；玩火，我是嗎？她從來沒想到這一點。

「我是旁觀者清，妳是當局者迷。」丁敏溫柔地拍拍艾美的手背，誠懇地說：「說眞格的，妳唱的是一齣沒有贏面的戲碼，妳呀千萬不要迷失了自己。」

艾美想，我的快樂、不安和矛盾種種糾纏不清的心結，經過丁敏抽絲剝繭而解開，心中頓時有說不出的輕鬆，她反手握住丁敏：「謝謝妳！」

「不用謝我，」丁敏喜歡圓滿，不喜歡殘缺，乘機又說：「妳回去後何不試著和妳老公溝通，重新建立良好的夫妻關係，共同度過『中年危機』？」

「我……」

「再給妳老公一次機會嘛！」

她看看丁敏，又低頭凝視著那只躺在咖啡杯底的婚戒，想了又想，終於把它拿起來，套回無名指上。

走出咖啡館，她倆不約而同地回頭跟那位長得挺帥的掌櫃道一聲：「晚安！」

意大利威尼斯聖馬可教堂

彷彿是昨日

一九八九年一個乍暖還寒的春日下午，天空陰沈沈的，杭州西湖細雨霏霏，遊人依然如織。

阿如撐起一把黑傘，在遊船碼頭走來走去，有時低頭若有所思，有時抬頭望著一艘艘待發的畫舫，那些遊客大多操閩南口音，衣著光鮮，身上或多或少配戴著金飾，一眼便能認出那是臺灣來的觀光客。

已經太久太久未曾遇到故鄉的人了，阿如幾次衝動的想上前去問問故鄉事，卻又自慚形穢，然而，心裡那份渴望是多麼殷切啊！畢竟她這個臺灣女子離鄉背井已四十年了。

腕上的錶一分一秒過去，和大哥約定見面的時間還有兩個小時，阿如來早了，因爲她心情異常興奮和緊張，她興奮得想大叫，想大聲的告訴所有的人，她終於要和多年不通音訊的家人見面了！

想到這一點，阿如不自覺地笑出聲來，經過她身旁的遊客，瞧見她無端自笑，均投以好奇的眼光，她驚覺到自己的失態，連忙收斂心神在附近找張涼椅坐下來，這樣，人來人往，一目了然。阿如怕的是兄妹相見不相識，她把口袋裡的照片拿出來，看了又看，照片中那個微駝著背，頭頂光禿，身材肥胖的人是她的大哥嗎？如果，不是嘴角那抹熟悉的笑靨，說什麼她也不相信。

而她呢？

湖上風雨變大了些，遠處的山巒，近處的亭台樓閣，全籠罩在白茫茫的雨霧裡，西湖景色清麗而迷離。雨淅淅瀝瀝下個不停，雨絲偶爾飄落在阿如身上，她既無心欣賞湖景，也渾然不覺濕冷，只擔心大哥也認不出她這個妹妹來。

收起照片，阿如又摸出一面小鏡，對鏡攏一攏那一頭「清湯掛麵」式的花白頭髮，這一髮型四十年來少有變化；整一整那一襲黑色「毛裝」的衣領，這也是四十年來少有變化的衣著，有變化的是如花的容顏已褪色，年輕的熱情也消逝。

想到年輕的熱情，羅寧的影子又由阿如心靈深處浮現，他穿著離家時那身解放軍服，含情默默地凝視她，彷彿是昨日發生的事……。

阿如初識羅寧那天，基隆港碼頭鬧烘烘的，船隻入港不斷帶來新消息，有說國民政府要轉進臺灣，有說共產黨快打來了，有……。其實，打從年初基隆、高雄兩港，軍艦運來一船一船衣衫襤褸的阿兵哥，借住廟宇、學校，謠言滿天飛，物價也節節上漲，有錢的人家或明或暗，囤積米糧和民生用品，以備戰時之需。

像尋常的日子一樣，阿如臉上含笑，照藥方，拉開藥櫃一格格小抽屜抓藥，秤好分量，用紙包裹好再交給病患。她耳裡聽著病患傳遞的馬路消息，這些消息上至國家大事，小至鄰里的是是非非，她很少去關心，因爲，天大的事有父兄頂著，日常除了工作外，閒時和母親、姐姐，一塊兒去吃小館、看戲，生活過得無憂無慮。

光復前，阿如讀過公學校，畢業後她父親看她聰明伶俐又好學，便留她在身邊當助手，學著認識各種藥草，專司抓藥的工作。在父親身邊六年，阿如學了不少醫藥方面的知識，像辨別藥材的優劣、替病人把把脈、觀看氣色什麼的，偶爾父親外出，遇有感冒、腹瀉的病患上門求診，她也給開幾味藥煎服，而且從未出過差錯，她父親知道了，嘴裡罵她大膽，心裡對這個自己一手調教的女兒卻有幾分得意。

中午是病患最稀少的時候，楊老中醫趁機回房休息，小學徒斜靠在長條木椅上打盹，阿如年輕精力充沛，常利用這個空檔坐在櫃台前閱讀漢藥書籍，偌大的藥舖子靜悄悄的，只聽到壁上的老掛鐘滴答滴答地響，她邊看書邊用紅筆在書上作註解，忽聽有人在門口叫：「楊老、老……」阿如抬頭一眼看到來人，忙站起來招呼：「羅伯伯，您好！」

「妳是阿如吧！」進來的是一位留著山羊鬍子的老人：「半年不見，妳越長越標致了！」

「羅伯伯，您老愛說笑，」阿如白淨的臉上飛上兩朵紅雲：「請坐，我去叫我阿爸。」

「誰呀？」楊老中醫由裡面走出來：「啊！老羅，你什麼時候到臺灣的？」

「來了一個多星期，前幾天忙著去看貨，今天才抽空把你訂的藥材送來，明天我就得回去了。」老羅說。

「這次來，這樣匆忙？」

「沒辦法，時局動盪不安，不放心家裡。」老羅回頭叫跟他一起來的青年，把兩箱藥材搬到舖內，同時介紹：「這是我的小兒子羅寧。」

「楊伯伯好！」羅寧趨前鞠個躬，又和阿如點了個頭。

「你眞好福氣，兒子都這麼大了，」楊老扶扶老花眼鏡：「還在讀書？」

「早畢業了，這趟跟我出來見見世面，還請楊老多指教！」

「不敢當！」楊老拉著老羅坐下來，吩咐小學徒泡茶待客。

阿如肌膚似雪，眉目如畫，兩根長辮又粗又黑，身上穿著碎花旗袍，渾身散發出青春少女特有的甜美氣息，也許藥舖每天進出的人多，她沒有那個時代一般女孩的忸怩羞澀。她落落大方的請羅寧幫忙把那兩箱藥材一一過磅，再登記在帳簿上。

老羅打開一只隨身的箱子，拿出一塊杭州絲綢和兩罐龍井，放在茶几上：「這點薄禮，請收下。」

「我們認識也不是一朝一夕了，這麼客氣做啥？」

這話倒是眞的，自從臺灣光復，老羅就來往兩岸從事貿易，楊老常跟他訂購麝香、虎骨、人參之類的名貴中藥，應該算是熟稔的朋友了。

「小意思，不成敬意。」老羅望了兒子一眼，說：「有件事，想麻煩你……」

「啥事？只要我做得到一定義不容辭。」

「我明天先走，羅寧留下來處理一些未完的事務，他一人住旅館不大好，所以想借住在你府上，不知方不方便？」

「沒問題，我家房子大，搬過來就是！」楊老說完，立刻吩吩小學徒去打掃客房。

老羅沒想到楊老這麼爽快的答應，謝了又謝，次日安心搭船返回福建。

楊老親戚朋友多又好客，每天吃飯時一張大圓桌總是坐無虛席，羅寧的到來，不過是增添一副碗筷而已。每隔幾天羅寧要去批發行探問所訂的貨物到齊與否，有時候也親自跑一趟產地催貨，大部分的時間都在楊家等消息，沒事兒就幫忙剪切藥材，或教阿如漢文、說北京話。阿如和她兄姐全受日本教育，雖然曾經聘請漢學先生教讀古文，但，畢竟所學有限，尤其是阿如看漢藥書籍更為吃力。因此，兩人相處的機會也多。

羅寧長得一表人才，平時為了工作方便，常穿灰色對襟短裝、黑布鞋，仍藏不住那份俊美的氣質；如果外出換上長衫，則又像歌仔戲裡風流倜儻的公子。羅寧底風采，令情竇初開的阿如心跳不已，而阿如的純眞美麗、聰明好學，同樣的也深深吸引著羅寧。

時局急轉直下，國民政府剿共失利，謠言滿天飛，臺灣本島人心惶惶，楊老一家都在擔憂時局的變化，誰也沒注意到阿如和羅寧這一對小兒女，已經雙雙墜入情網。

這個時候羅寧也接到他父親的電報，說臺海即將發生戰爭，命他速速返鄉。他大吃一驚，鎮日心煩意亂，等到晚餐後他和阿如約會的時間，兩人先後走出家門，來到一處僻靜的海邊，他把這事說了，阿如愣了一下，惘然的說：「你走了，我……我怎麼辦？」

「我不知道，」羅寧緊緊擁她入懷：「我捨不得離開妳！」

海面一片漆黑，不遠處的碼頭燈光閃閃，人聲沸騰，船隻進出特別頻繁，大有「山雨欲來風滿樓」的跡象。阿如也緊抱著他：「我也捨不得離開你，你快想辦法呀！」

羅寧情急之下，脫口而出：「那妳嫁給我吧，怎麼樣？願不願意？」

他在微弱的星光下，依稀看到她羞紅著臉，點點頭。

「現在已經來不及報告我父親，時間緊迫也不能找媒人去提親，我想直接徵求妳父母的同意，妳說好不好？」

「我阿爸會答應嗎？」她一點把握也沒有。

「放心，憑妳我兩家的交情，問題應該不大。」

他倆懷著忐忑不安的心情往回走，楊老和客人還在聊天，羅寧靜坐一旁等候著，阿如到裡屋把母親請出來，客人知趣的起身走了。阿如重新沏了茶，便躲入房裡，羅寧上前深深鞠了個躬，說：「伯父、伯母，謝謝您這兩個月的照顧，我接到家父電報，過幾天要回去了。」

楊老呷了一口茶，歎口氣：「唉！局勢怎麼會變得這麼快！」

「所以，我不得不走，走前我……」羅寧忽覺口乾舌燥：「我想……想請求兩位老人家，把……把阿如小姐許……許配給我……」。

「你……你說什麼？」楊老以爲聽錯了。

「不可能，」阿如的母親驚訝的說：「阿如相了多少次親，沒一個中意，你和她不過認識兩個月，怎會……」。

「胡鬧，」楊老意會到這是怎麼一回事，猛地把茶杯重重一放，茶水濺了一桌：「婚姻大事憑媒妁之言、父母之命，怎可如此兒戲？」

阿如從未見過父親發這麼大的脾氣，顧不得羞恥，急由房裡衝出來，拉著羅寧一起跪下：「阿爸，我願意嫁給他，求您答應吧！」

「住口，」阿如的話無疑火上加油，楊老怒聲道：「女孩兒家竟說出這種話來，眞是家門不幸！」阿如被她母親強拉回房，楊老冷冷的對羅寧說：「你父親既然叫你回去，你就趕快走，至於阿如，一來嫁那麼遠我們不放心，二來我們也算是大戶人家，不可能隨隨便便嫁女兒，你死了這條心吧！」說完，憤憤的走進內室。

楊老一走，羅寧方發覺阿如的哥哥姐姐全站在房門口，個個眼裡含著幾許敵意和不屑，瞪著他，好像他是騙子是小偷，他的自尊頓時碎裂成一片片。

他心裡吶喊著：不要用那樣的眼光看我，難道喜歡一個人，戀愛一個人有罪嗎？他覺得一分鐘也待不下去，匆匆逃回客房，草草把衣物打包，連夜搬出楊家，住進碼頭附近街上的旅館。次日便去訂船票、打理貨物，一直忙到臨行前，當天離晚上上船還有一點時間，他不知不覺又來到與阿如常常約會的海邊，憑弔這一段甜蜜短暫的愛情，憑弔兩人共同編織的夢想，他痛苦得坐倒在海堤上抱著頭低聲飲泣……。

忽聽一陣細碎的腳步聲，由遠而近，他抬頭看去，不禁驚喜交集的迎上前：「阿如，妳怎麼來了？」

「你走也不告訴我一聲，害我……」阿如幽怨地瞅著他，眼圈一紅掉下淚來。

「對不起，都是我不好。」羅寧溫柔的拉著她：「我今晚一走，將來可能沒有機會再見面了，你要好好保重。」

「那天晚上你離開之後，我又再三的求我父母親，可是，只換來更嚴厲的責罵。」阿如用衣袖拭去淚水，直直的看著他：「寧，我決定跟你走。」

「不！」羅寧嚇一大跳，認眞的道：「這樣妳的家人更會看輕我，認爲我把妳拐跑了，而且我怕妳受到傷害，畢竟人言可畏啊！」

「可是，不這樣我們是不可能在一起的。」

「妳不怕？」羅寧很感動也很矛盾。

「只要跟你在一起，我什麼都不在乎。」阿如熱切又堅定的說。

「妳……眞的那麼愛我？」他又追問一句。

愛情，她說不上來是怎麼發生的，愛了就是愛了，愛讓她有勇氣反抗父母和禮教，讓她願意放棄既有的一切，跟隨所愛的人，奔向不可知的未來。

「讓我倆一起下地獄吧！誰叫我也那麼愛妳呢！」他對著海洋大叫，並發誓永不負她。

民國三十八年大陸淪陷前夕，羅寧帶著阿如回到福建。馬尾地處閩江口，軍艦、貨輪、漁船往來頻繁，碼頭上黑壓壓的人潮，爭先恐後的硬擠著上船，大的叫小的哭，完全是兵荒馬亂的樣子。臺灣海峽風浪大，阿如在海上數日，暈船暈得厲害，下船時，頭重腳輕，羅寧一手提行李一手扶著她：「前面小街轉角就到了！」

這條小街的房子高低不一，十家舖子倒有八家關著門，拉板車的苦力，或站或蹲在街邊等生意，一隊隊風塵僕僕的兵丁，拖著疲憊的步伐朝碼頭走去；人們有的挑擔，有的推著裝滿衣物的獨輪車，愁苦、驚慌的臉上摻雜著無奈，攜家帶眷的奔往四鄉，只有幾個孩童，唇上掛著鼻涕在街上跑來跑去的玩兒。

在路上，羅寧遇到個熟人瞪大了眼睛說：「阿寧，人家都急著往外逃難，你跑回來做什麼？」

羅寧苦笑笑，沒答腔。

「逃……逃什麼難？」阿如咕噥一句，疑惑的看了羅寧一眼，她壓根不知逃難爲何物，天眞的以爲打仗頂多像臺灣光復前，美國飛機轟炸臺灣那樣躲躲警報而已。

中國人一向有安土重遷的觀念，總認爲自己只是平民百姓，仗打完了，尤其是內戰，不管誰勝誰敗，與他們似乎都沒有太大關係，他們還是一樣要工作，要生活。老羅也是這樣想，所以，才會在許多人爭相逃往海外之際，他反而電召兒子回來。

當羅寧和阿如雙雙出現在老羅面前，老羅錯愕的張大嘴巴：「阿……阿如……妳……」

「羅伯伯，我……」阿如叫了一聲，便羞怯的低下了頭。

看看這個又看看那個，老羅心裡疑惑更深：「你們兩個怎麼會……」

羅寧拉著父母親到後堂，把來龍去脈說了，老羅聽到後來臉色變得很難看，猛地一揚手就給羅寧兩個耳光，同時怒聲罵道：「你這個渾小子，居然帶著楊家大閨女私奔，你……叫楊老的面子往那兒擱？你叫阿如以後怎麼做人？」

「爹，我們迫不得已呀！」

「這種傷風敗俗的事你也敢做，你叫我怎麼跟楊老解釋？」老羅越說越氣，掄起牆角的扁擔又打：「打死你這個畜生！」

羅老太閃身擋在兒子面前，飛動著兩片薄薄的嘴皮子，說：「人家閨女死纏著硬要跟著來，怎能全怪咱們家阿寧？」

「哼！讀了幾年書，做人的道理沒學會，倒學會自由亂愛，眞氣死我也！」老羅餘怒未消。

「這個大閨女也眞是的，名不正言不順，跟了來，還眞是個大麻煩呢！」

「娘，您不要這麼說嘛！」

「那要我怎麼說？」羅老太冷哼一聲。

後堂的說話、打罵聲，隔著一道門聲聲傳入阿如的耳裡，好似冬天兜頭潑下的冰水，又濕又冷，難受極了！她眞想找個地洞鑽進去，或跑出羅家這扇門，永不回頭，可是，她什麼也沒做，緊抿著嘴，把頭垂得更低更低，讓淚水無聲無息的滴落。

「爹、娘，讓我娶阿如吧！」

「現在不行，等我和楊老商量過之後再說。」

「阿寧別傻了！」羅老太太不屑的撇撇嘴：「敢跟男人跑的姑娘，肯定是不大安分。」

「娘，求您不要這樣說阿如，好不好？」

「孩子他娘，你別再說啦！」老羅瞪了羅老太一眼。

阿如終於明白他倆的行爲很難得到長輩的諒解，也不容於當時的社會。她像任人宰割的待罪羔羊，未來的命運完全操在別人的手中，這不是她的本意，她追求的是自由自在、海闊天空，即使到不了那種境界，也要把握住目標，只要能和羅寧守在一起，她就有勇氣離開父母，遠走他鄉，就有勇氣承受恥笑和屈辱，就有勇氣迎接接連而來的挑戰。

戰火以燎原之勢，席捲了整個中國，老羅一家也作逃難的準備，僅在羅寧帶著阿如返家的那一刻，引起一陣騷動，便又忙著收拾細軟，清理存貨，把帶不走的貨物打包，全部存放到後間的倉庫，門上並加重鎖。老羅拍了一封電報給楊老中醫，報告阿如平安的消息，並徵詢兩家結親的意見，然而等不及回電，電訊便告中斷，他不得不帶著家人和阿如走一百多華里路，回到永泰鄉下的老家。

羅家厝位在山旮旯裡，有三十幾戶人家，大多是姓羅的宗親，老羅家原有祖產，後來到外地經商賺了錢，陸陸續續又買進不少良田，有的租給佃農，有的僱長工耕作，交由長子掌管。老羅在外地如遇戰亂或什麼的，就回老家避難，因爲鄉下地處偏僻，而且有糧食不怕全家被餓著，這回他又作如是想。

阿如的到來，像一粒石子投入湖心，掀起陣陣漣漪，村人紛紛打聽這位穿著打扮不一樣的姑娘是誰？從哪裡來？來做什麼？攪得老羅一家不勝其煩。也不知家裡那個把阿如的事說出去，在那個封閉保守的時代，私奔幾乎和偷漢子劃上等號，都是傷風敗俗的事，村人對她指指點點，甚至唾面，提議把她趕出村子。

老羅看阿如處境尷尬，羅寧又頻頻催迫，擔心引起其他枝節，將來對楊老醫生不好交代，便不顧羅老太的反對，給他倆舉行簡單的婚禮，讓阿如名正言順的進了羅家的門。由於先入爲主的觀念，婆婆和羅寧的兄嫂都輕視她，然而，愛是有包容性的，她認眞學習當地語言，那雙司藥的手，也改拿針線、操持家務，努力去適應一般婦女的家庭工作。剛完婚那年過春節，阿如爲博得全家的歡心，給公婆各做了雙布鞋，幫兩位嫂嫂裁製新衣，也給侄兒姪女編織帽子。老羅接過鞋子，點了點頭：「才學針線不久就會做鞋，不容易呀！」

羅老太瞄了那雙新鞋一眼，試都沒試便冷冷的說：「不合腳。」

兩位嫂嫂拿著新衣在身上比了比：「太花了，我們不敢穿。」

那三個侄兒姪女忙不迭的把帽子戴在頭上，高興的叫「嬸嬸，新帽子好好看……」

如果不是時局的大變動，阿如相信她未來的日子，就會像這樣平凡的過一生。

一九五〇年韓戰爆發，各種運動如火如荼的展開。老羅既是資本家，且也是地主，最早被迫捐出全部的財物，羅寧爲求保住那棟老屋，讓父母不至於「掃地出門」，自願參加「抗美援朝」，萬般無奈的拋下懷了身孕的妻子，披著紅綵帶上戰場去了。

孩子生下才半歲大，羅寧就戰死沙場。老羅聽到兒子的死訊，憂憤成疾而病故；羅老太遭遇夫死子亡的悲傷，哭瞎了雙眼；羅寧的大哥和二哥被清算鬥爭，最後性命保住了，卻被趕到牛棚去居住。

生命裡沒有了羅寧，阿如覺得活著是痛苦，她幾次抱著孩子走到池塘邊想投水自盡，然而，看著懷裡的孩子又不忍心，耳邊總響起羅寧臨走前一再的保證：「阿如，妳放心，我一定會回來看妳和孩子！」

孩子是希望，有希望就有勇氣堅強的活下去。她常輕撫著孩子，眼望著遠方自言自語：「阿寧，等孩子長大了，你可一定要回來……」

村裡的人以爲羅寧的死對阿如打擊太大。在地方幹部的眼裡，阿如脫離封建家庭跟隨愛人私奔，思想是前進的，符合新社會的某些觀念，加上她又是陣亡戰士遺族，所以婆家的人被清算鬥爭的當兒，她未被波及。羅家兄弟以阿如仍可以住在老宅爲由，把瞎眼的老母推給她照顧，她不計較婆婆曾經對她不好，反而愛屋及烏，而負起這個責任。

那時糧食短缺，配糧往往不夠吃，阿如揹著孩子常到野地挖些野菜回來充饑，如果看到藥草，也順便採回晾曬儲藏，以備不時之需。起初阿如每天熬藥草水給婆婆清洗眼睛，數月後羅老太太居然可以看到人影，生活上方便多了，這事一傳開，便有鄰人來求診，她也熱心的按病情給藥，她的名聲漸漸傳到縣城，有的幹部生病也找她看病，在那個醫藥不發達的年代，她就這樣成爲被上級領導幹部認可的「赤腳醫生」，從此走遍四鄉替人民服務。每在夜闌人靜獨自整理藥材，阿如總不自覺地憶起往日快樂的時光，這時她特別思念親人，在當時的生活環境下，她不敢吐露心事，亦無人可以訴說，惟有偶爾到荒山野地裡去尋找藥草，她才敢肆無忌憚的哭喊著：「阿爸……阿母……」

「書到用時方恨少」，阿如深感專業知識之不足，趁看病之便蒐羅了一些中醫書籍，日夜鑽研，同時跟一位老中醫學習針灸，使得她的醫術精進不少。

也許因工作忙，生活又有重心，也許時間是最好的治療劑，阿如很少談起羅寧，不過，這並不表示她把他忘了，認識她的人都說她是個癡心女子，因爲，除了羅寧外，她從不肯接納另一個人的愛情。

四十年了，她當然沒有等到羅寧，但卻等到海峽兩岸開放探親。

雨停了，她瞄瞄腕錶，終於要和大哥見面了，她趕緊站起來，手裡捏著照片，向一群朝她而來的臺胞走去。

想飛

「老闆，給我一杯可樂、一個漢堡。」

「老闆，我要牛奶和三明治。」

阿林剛打發兩個小學生，一下子走進來三個國中生，大個子吆喝著要蛋餅、包子、豆漿，三個毛頭一屁股坐在方桌前，嘰哩咕嚕旁若無人的聊起來，小個子幽幽的說：「昨晚沒回家，今天不能再蹺課啦，我老爸知道準把我捧個半死！」

大個子附和著：「是啊，我老媽昨晚在電話中就嘮叨個沒完，今天再不去上課，我非被罵死！」

「你們兩個別奶娃似的，行不行？」另一個粗壯的眼一瞪，有幾分龍頭的權威：「膽小鬼，昨晚在電動玩具店打到半夜，到我家又『哈草』又吸這個……」他用手做了個手勢，望望四周，接著說：「一夜沒睡，今天那有精神上課？放心，我們班的夫子對『放牛班的孩子』，一向睜一眼，閉一眼，至於你老爸和他老媽，不是忙著賺錢，就是忙著摸八圈，那有時間管你們，隨便編個理由就矇混過去了！」

這個粗壯的毛頭說得頭頭是道，大個子和小個子聽得直點頭，他們的談話，引起了阿林的注意，暗地冷笑一聲：嘿，自己當年不就是這個調調？他先端上三碗熱豆漿和一盤包子給他們墊墊肚子，才動手打蛋烙薄餅。瞄一眼默默在另一只爐前煎肉餅做漢堡的母親，剛過五十歲已滿頭白髮，阿姐勸她染髮，她淡淡的道：「心都老了，還染什麼髮！」

在阿林的印象裏，母親有一頭烏黑油亮的青絲，不知從什麼時候便一根根、一叢叢、一片片的全白了，他想準確的抓住母親早生華髮的時間表，卻是怎麼都想不起來。阿姐常常怪他：「你看啦，媽媽的頭髮都是爲你愁白的！」

這話，他從來不肯承認：「豈有此理，媽媽頭髮早白，妳也怪我，讓我罪加一等，是不是？」

說著說著，姐弟倆就件起嘴來……。想到這一點，阿林心裏感到煩躁不安，順手拿起鍋鏟把蛋餅翻到另一面，偷空點燃香煙，深深吸了一口，馬上又捺熄。

朝陽由民權東路斜照進巷口，學童三三兩兩的經過店前，每天這個時候開始就緊張忙碌。阿林把蛋餅鏟起、切好，端給那三個毛頭，轉身又烙起蛋餅。買早點的人川流不息，他有點手忙腳亂，而他母親總是眼觀鼻、鼻觀心一副「菩薩像」，生意好也好，生意不好也罷，似乎對人世間的喜怒哀樂都已無動於衷。

第一次送生日卡給母親，阿林清清楚楚的記得是小學二年級，他在卡片上歪歪斜斜的寫了兩句話：祝媽媽生日快樂，永遠青春美麗！母親看了這張卡片，忍不住心中的欣喜，遇到親友來訪，總要拿出來與人分享她的快樂。

這樣普通的小卡片，他送過八張，想來，那八年母親應該是快樂的！要不然，她也不會一直把那八張小卡片排列在客廳的鋼琴上。

爲什麼母親會變成現在這個樣子呢？她原本愛說愛笑愛熱鬧，或許就是阿林國三那年吧，國三那年，阿姐考上政大，他怕考不上好學校，補習補得頭昏腦脹，便常找藉口和幾個談得來的同學去打彈子、保齡球，後來又學著抽煙、泡「馬子」，每天磨菇到很晚才回家，姐姐的關注，父母的管教，漸漸變成耳邊風。

那時校園僻靜的角落，有一股歪風悄悄地成長……。有一天阿林和另兩個同學在學校寬不盈尺的圍牆上漫步，教官發現他們語無倫次，神志恍惚，追查到他們都吸了強力膠。阿林很後悔，其實吸那玩意兒不過是好奇。付出的代價卻很高。

早聽同學說，吸了那玩意兒整個人會變得輕飄飄地，一點壓力也沒有，想做什麼就做什麼，腦中還不時的生出幻覺，強力膠價錢便宜，取得又容易，幾個同學一哄鬧，就這麼吸著好玩，想不到那麼倒楣，頭一遭就被逮到。在這之前，阿林在父母師長的眼中，是個循規蹈矩的好學生；這之後，被學校列爲問題學生，從此，他就成爲父母午夜斷續的夢魘。

「母親的頭髮是爲你愁白的！」阿姐的話，現在回想起來不無道理，阿林想。

人，最好不要犯錯，白紙有了污點，往後發生什麼風吹草動人家就會懷疑到你頭上。有回校園失竊，阿林正好和同學在辦公室附近徘徊，因而被訓導人員傳去問了幾次話，他父親知道了又不分青紅皀白的打他一頓。

「明明不是我幹的，爲什麼要懷疑我？」阿林憤憤不平地叫嚷著，可是學校和父親還是不相信他。

最後，雖然證實這事與他無關，但，他的自尊已劃上了一道傷口。

這件事才平靜未久，接著又和別校的學生打群架，阿林不是主其事者，然而，依校規一樣要記過處分。學校通知家長，他老爸有了上次錯怪他的事例，這回沒打他，只是走來走去的罵：「你這個畜生，三天兩頭給我惹麻煩，氣死我了……」

「是……是別人先動手的，難道我不能還手嗎？」阿林氣鼓鼓的瞪著眼。

「你要是好好的，怎麼會有這些事？」他老爸聲色俱厲的說。

「我功課又不差，幹嘛管我管得那麼嚴？」

他母親流著淚說：「阿林，不要再和你爸爸頂嘴了，以後離那幫愛胡鬧的同學遠點……。」

「哼！再讓我看到你和那幾個『狐群狗黨』泡在一起，看我不打斷你的狗腿！」

他沒有被他老爸這幾句話嚇到，依然故我。他生學校的氣，也生父母的氣，更生自己的氣。在家裡他得忍受父親的責罵和母親的喋喋不休。母親的喋喋不休老是夾雜著責備和苦勸，完全針對他的過錯，重複了又重複，他認爲那是疲勞轟炸，只要他放學回家晚了些，母親神經緊張的追問原因和去處；放假日有電話找他，母親尖起耳朵傾聽，他不高興這一切，也厭煩這樣的生活。

有天早上他起晚了，母親又嘮叨個沒完，他強忍著一聲不吭的背著書包急急的逃出家門，跳上公車後心裡還是憋著一股怒氣，茫茫然望著車窗外，街上的景物飛快的掠過，學校的站牌到了他不想下車，任公車搖到終站。

柏油路延伸上山，山邊的叢樹懸掛著數只鳥籠，溜鳥的人有的在運動，有的在聊天，顯得一派悠閒，籠中鳥此起彼落地啁啾著，阿林走走停停，逗逗鳥兒，心裏舒暢，腳步也輕快了。

這山區他曾來過，不算太陌生。山頂有座廟，視野遼闊，風景優美，聽說過這寺廟的住持，年輕時是太保學生，後來混流氓，不知什麼原因改邪歸正，皈依佛門。阿林不知不覺朝山頂走去。

他時而幻想自己是隻飛出樊籠的小鳥，愛怎麼飛就怎麼飛；時而情緒低落的找根小竹棍，抽打路邊的草木。有幾個行人與他擦肩而過，不免顯露幾分好奇的眼色，他回瞪過去，低低咕噥：「看什麼看？只要我喜歡，有什麼不可以？」

忽然天空烏雲密佈，連響數聲春雷，片刻，豆大的雨點嘩啦嘩啦的打在他身上，一個穿雨衣的人，邊跑邊叫：「快跑呀！」

「喂，是跑上山，還是跑下山？」阿林莫名其妙地大笑：「哈哈……」

「跑回家……」那人的聲音漸去漸遠。

「小雨打在我的身上，雨水洗去憂傷……」阿林學劉文正又扭又唱，索性仰起頭，張開嘴讓雨水流進肚子裏，淋雨的感覺好痛快好痛快！身後突然伸過來一只黑傘：「少年仔，雨淋不得的呀！小心感冒。」

低沈蒼老的聲音把他嚇了一跳，回頭看，是位登山的老者，他默默接受老者的好意，共撐一把傘走到廟裏，老者找山友去了，他則獨自坐在廟旁迴廊避風的一角，膝上攤本書假裝看書，左方兩張大圓桌圍坐著老者一伙的朋友，桌上放了許多零食，大家邊吃邊談天，氣氛十分的快樂。

阿林的茄克淋濕了，早上滴水未進，聞到糕餅的香味，感覺又冷又餓。如果在家裏，母親一定忙著替他張羅吃的和穿的，這一刻，他想念起家的溫暖，心中的氣似乎也煙消雲散了。摸摸口袋還有昨天吃午餐剩下的二十元，翻遍書包翻出小心暗藏的兩根壓扁的香煙。那伙人老是好奇的往他這邊瞧，他不敢太放肆，幸好吸膠、抽煙純粹是一時好玩的嘗試，並未成癮。

他把香煙又放回書包。

「少年仔，吃點東西吧！」那位老者拎一小包花生過來，從頭到腳打量著他，輕輕嘆口氣：「你等會和我們一道用齋飯好嗎？」

這附近沒商店，雨還綿綿密密地下著，阿林飢腸轆轆，也就不客氣的接過那包花生和邀請。中午那伙人熱情地招呼他吃喝，也不問他是逃學，還是離家出走，讓他放心痛快的吃飽了肚子。他很高興他們的「不聞不問」，每個做錯事的的孩子，即使心裏已有悔意，可是，有誰肯在人前承認自己的錯誤呢？

雨下久了，山上寒氣更重，早上出門他以爲自己可以單獨在外過夜，事實卻沒有那麼簡單，光是寒冷和飢餓，他就受不了啦！午後，阿林乖乖地跟著那伙人下山，到了公車站，那位老者意味深長的對他說：「少年仔，你想飛，也得等翅膀硬了才飛，你說是嗎？」

他一下子領悟不過來，半晌不說話，車來了，揮揮手跳上去。在車上他一直想著老者的話，隱隱然指出了一條該走的路。

離聯考還有短短數日，阿林才在課業上加緊衝刺。他幸運的考上一所工專，放榜那天，師長、親友都爲他的榜上有名而高興，也爲他的迷途知返而慶幸。

學校離家較遠，阿林纏著爸媽給他買機車，有機車代步行動自由多了，除了上學的時間，課餘攜帶女友跳舞、郊遊，或和朋友成群結隊呼嘯於暗夜車少人稀的公路上，正是這個時代十幾歲青少年的最愛。

一套銀灰色的騎士裝，黑色的安全帽和手套，是阿林飆車最「拉風」的裝備，瞞著爸媽，寄放在朋友處。當飆車在青少年之間逐漸流行起來，逐漸爲社會大衆所注意時，每個做家長的都自己騙自己說，我的孩子不會去玩這種不要命的遊戲，阿林的爸媽也作如是想。

怪只怪新聞記者多事，不知怎麼拍到許多緊張刺激的飆車鏡頭，刊登在報紙上，其中有一幀照片竟然是阿林，雖然戴著安全帽，夜色幽暗，閃光燈下的眉目又有點走樣，他不說別人不會懷疑，但是，矇騙不了母親的雙眼，拿著報紙急於找他證實：「你說，這人是不是你？」

他早有準備，故意輕描淡寫：「媽，您有沒有搞錯，我做功課都來不及，那有時間玩這個？」

母親看看他，又看看報紙，兩下對照，一口咬定：「這明明是你……」

「媽，您不要神經過敏好不好？」他一把搶下報紙，不高興地說：「爸爸知道還得了！」

他知道母親不敢告訴父親，怕他們父子怒目相向關係緊張。抓住母親的矛盾和弱點，又說：「媽，別再疑神疑鬼了，不然，我就眞的去飆車。」

既然，說他不聽，罵他不得，母親的話也就越來越少了。

提心吊膽的煎熬過五年，阿林畢業了，母親終於鬆了一口氣，然而，阿林一找到工作便忙不迭的吵著要搬出去住。老爸瞪大了眼睛說：「家裡住得好好的，幹嘛搬出去？」

「租房子要錢，吃飯也不方便，有什麼好？」老媽說。

「我的薪水夠用啦！」阿林避重就輕的回答。

「你在外老是出『問題』，叫我怎能放心？」

「媽，您不能老把我拴在身邊，我要出去闖一闖。」

說起來理直氣壯，好像多少雄心壯志都在一個「闖」字。他老爸氣極，咬牙叫道：「由他去，由他去，我們不能守著他一輩子！」

這一下，阿林可以名正言順的飛出老巢，自由翺翔了。果眞社會是個大染缸，只要在裡面滾上幾滾，不變色也難，不久他就迷上夜都會燈紅酒綠醉生夢死的生活。憑著一技之長，他換工作如換衣，從未想到好好地捧住飯碗。

日子一天天的過去，荒唐的生活腐蝕了身心，胃疾、肝病使他成爲醫院的常客，也因而失去了工作。

當他感到徬徨無依，想起母親的噓寒問暖，父親溫暖可靠的肩膀，思念之情不禁油然而生，恨不得立刻飛回父母的跟前，然而，數年來，每次回去探望父母都是「蜻蜓點水」，而今，一事無成，又失去健康，叫他怎麼有臉回去呢？

阿林已到了山窮水盡之境，不得不求助於已出嫁的阿姐，阿姐看他病歪歪的，不忍責備他，直接開車送他回家。父親默默地接納他，母親含憂帶喜的說：「回來就好，回來就好！」

父母的心是沈痛的，尤其是母親，心，冷了、老了，可是，母愛仍是綿綿長長無怨無尤地付出！

太陽爬上巷口的矮樹叢，那三個毛頭哈欠連連，無精打采的離座而起，看樣子，今天眞的要蹺課了。他眞想告訴他們，想飛，不但得等翅膀硬了，還要學會怎麼去飛，才不致偏離航道，成爲一隻迷途的菜鳥！

不是偶然

夏霖每次來，總帶一盒包裝精美的巧克力送她，是那種中間含一撮軟甜酒香的那種。

來之前，先打電話到家裡找她，約定見面的時間和地點。她非常渴望見夏霖，可又惱他平時沒有片語隻字的消息，想到她就突然來一通電話。有時她賭氣，故意推說有事，電話那頭立刻傳來煩躁的聲音：「有什麼了不起的事？頂多少做幾件生意吧！」

「不行啦，李薔外出，我走不開。」

「拜託，別這樣，我想妳，我想你……」

她聽了「我想妳」這三個字，心裡甜蜜蜜的，也就心軟了。夏霖說話的聲音，低沉而略帶磁性，很動聽，她喜歡依偎在他寬厚的臂彎裡，任他輕輕咬住耳垂，夢囈般地喃喃：「薇……我的薇……」那美好的一刻，她多麼希望地球能夠停止轉動！然而，時間為誰停留過呢？想到自己的痴傻，不禁苦笑！

她不大能諒解他總是來也匆匆，去也匆匆。他倆從認識到相戀，夏霖未曾陪她度過完完整整的一天，自然也沒有一天完全屬於彼此。她知道他倆的戀情是見不得陽光的，因此，不要求對方太多便成爲相互間的默契，這情景難免使她幽怨日深。

今早她提前到店裡，李薔和店員還沒來，她喜歡趁這個空檔動腦筋，稍稍改變店內佈置。進門處，有一方圓石水槽，養了兩尾錦鯉和數朵浮萍，水槽邊種了一大叢人造的天堂鳥和海芋；玻璃櫥窗旁那只青磁花器插了一大把半人高的富貴竹，翠綠、壯碩而耀眼；還有幾盆黃金葛錯落在各個角落。

隨著季節的變化，春、夏裝已上場，她打算把天堂鳥和海芋拿掉，換上浪漫的愛麗絲，櫥窗內加掛絳紫色的薔薇花藤，牆上的服裝模特兒圖片改掛幾幅油畫……。這些小小的改變有新鮮感，可以吸引顧客的注意力，也可以顯出服裝精品店的格調。

環顧滿室的華服，不管是穿在木體模特兒身上，或排列掛在衣櫃內，或摺疊整齊平放在貨架上，都是今年歐洲新流行的款式。另兩個專櫃，一個展示搭配衣服的皮包、皮鞋和皮帶，一個專賣蕾絲胸衣和項鍊、耳環，此外，還有一些精美別致的家庭用裝飾品。她一一查點清楚，以備下次出國該進多少貨，該下多少定單，心裡才有個譜。

最近一次到米蘭訂貨，順便買了一打可愛而實用的小鐘，放在店裡很快銷售一空。李薔高興之餘，稱讚她的眼光獨到，才會賣得好。

「那是因爲妳會做生意。」她從不居功。

這間「薔薇坊」服飾精品店，是李薔和她合資開的，五年來生意興隆，業務蒸蒸日上，全因兩人能夠互補長短，相處融洽，合作愉快。

「做生意我在行，這一點我不否認。不過，妳也不用太謙虛呀！」

「好了，依妳看，這一類實用的小玩意兒，要不要再盤些進來？」她把話題拉回工作上。

「杜薇，進貨的事，我完全聽妳的。」

李薔對她工作能力的欣賞和信任，令她感到很安慰。她倆一起創業，說來也是緣分。回想七年前她生下小元不久，發覺克銘和以前的女朋友走在一起，而且發展成外遇，她心理很不平衡，不知自己錯在那裡。她爭吵過，也找對方談判過，都沒有結果，而克銘又要求離婚。離，她捨不得孩子；不離，她就得忍氣吞聲，受盡委屈。不得已回娘家徵求父母的意見和幫助，父親深鎖眉頭：「離婚？這不大好吧！」

「結婚才多久嘛，怎麼連丈夫的心也拴不住？」繼母的聲音冷冰冰的，好像克銘感情出軌是她的責任似的。

「爸媽，我想搬……搬回來住好嗎？」

父親望了繼母一眼：「這……」

「妳弟弟結婚住在家裡，如果妳帶小元回來，恐怕住不下。」繼母挑明了說。

父親什麼都聽繼母的。她與繼母一向處不好，當初爲了逃避這個沒有親情溫暖的家，輕率的嫁給克銘，而她現在反向娘家求助，不是自討沒趣嗎？

走出娘家的大門，她不知何去何從！在她最徬徨的時候，只好聽從婆婆的勸告，辭去工作，暫時搬回新竹鄉下，耐心地等待克銘回心轉意。婆婆是舊式婦女，在她老人家的觀念裡，男人在外面有女人，往往是一時迷戀，等到興頭一過，自然會重投入妻兒的懷抱。

小元由蹣跚學步，到會跑會跳會說話，克銘每月定時送生活費來，順便看孩子；不過，對她依然冷淡。她沒耐性，也不善等待，何況等待是沒有時間表的。

有天她到臺北逛百貨公司，以紓解鬱悶的心情，偶然碰見李薔。李薔是她商專的同學，在校時走得並不近，畢業後再相見，卻備感親切。兩人互相打量對方，李薔先搶著說：「杜薇，妳還是很會穿著打扮。」

「妳不也仍然愛穿漂亮的衣服嗎？」

想起專校畢業晚會，同學們自導自演的服裝秀，杜薇那時就顯露出對服飾有獨到的品味，而李薔的愛穿華服也出盡鋒頭，這是彼此留下的深刻印象。

找家咖啡館坐下來，聊聊各自的近況。李薔說她才生了個兒子，子宮就長瘤，動過切除手術，以後不能生育了；又告訴杜薇她早婚，老公從事建築業，兒子已經上國小，家中僱有菲傭幫忙，所以想趁年輕出來闖闖。

「妳知道嗎？」李薔眉開眼笑的說：「我老公知道我想做生意，立刻撥一筆創業基金給我呢！」

「妳老公眞好！」她聽了很羨慕。

「我呀，天天到人潮密集的商業區、市場去瞧瞧，看有什麼合適的生意做，可是，看來看去好像都不錯。眞要做嘛，又不知選那一行好，太煩惱哪！」

「妳不如開家時裝店，那樣妳就可以經常穿得漂漂亮亮。」她半認眞半玩笑地說。

「太好了，我怎麼沒想到呢？」李薔興奮的拉住杜薇的手：「謝謝妳提醒我。」

過了一個星期，李薔興沖沖的跑到鄉下看她。並誠懇的邀她合開時裝店。她頓時愣住了，一句玩笑話竟成眞，而且還找上她，兩年的鄉居生活沒有一點色彩，她很清楚，有限的青春歲月不能一年又一年的虛擲在不可預知的等待裡，她想把握這個機會再走入社會，自力更生。

可是，資金呢？

「好是好……」她遲疑了一下，說：「只怕我的存款不夠！」

「我已經估量過資本額，數目不大，妳我各出一半，妳那一份看能籌到多少，不足之數，我可以無息借給妳，以後賺了錢再分期還我好了。」

「那怎麼好意思呢？」

「坦白說，要找一個志同道合的人並不容易，我自己一人又怕忙不過來，所以，妳也甭說客氣話啦！」

「妳呀，放著有錢的少奶奶不做，偏要找辛苦，眞奇怪！」

「我老公鼓勵我出來做事，他說女人有工作，比較不會胡思亂想、疑神疑鬼。」

這是什麼話呀？她嘴裡不說，心裡想著。

「反正經濟上有老公支援，我也樂得開家店子玩玩！」李薔笑嘻嘻的。

「那不行，妳玩得起，我可玩不起。」她一本正經說：「要不，妳另請高明。」

「唉呀！說好了的不許反悔，」李薔連忙收起嘻笑的態度：「我保證好好地經營，決不讓我老公把我看扁了。」

事情一說定，便討論細節，接下來就開始找地點、租店面、裝潢、佈置、商量貨物的種類等等。籌備期間，婆婆是她精神上最大的支柱，不但幫她照顧小元，還拿出一部分私蓄幫助她，婆媳之間的感情，有如母女般的親密，令她非常感動，這也是她捨不得離開這個家的原因之一。

然而，婆媳的感情再好，眞能繫住瀕臨破裂邊緣的婚姻嗎？「薔薇坊」服飾精品店開張了，店名美麗又響亮，地點在臺北熱鬧的東區，賣的全是港貨，一開張生意就不錯，由於口碑好，老主顧日漸增多。

爲了方便照顧生意，小元仍跟著婆婆住，她則在店附近租間小套房，一有空閒便下鄉探望孩子。

那時，每隔一、兩個月她就得跑一趟香港拿貨，後來生意越來越好，顧客的品味也趨向世界潮流，她和李薔商量，決定直接從德國、意大利進口歐洲流行服飾。因應工作的需要，她補習英語、上法國短期的服裝課、勤於觀摩服裝秀，多方吸收有關服飾類的知識，李薔很佩服她積極、專業的精神，對她更爲倚重。

記得薔薇坊開張那天，店裡來了很多人客，店外擺滿了祝賀的盆景、花籃，李薔高興的說：「這些大部分是夏霖商場上的朋友送的。」

「夏霖是誰？」她好奇的問。

「我忘了告訴妳，他是我老公。」李薔說完又像穿花蝴蝶周旋於賓客中。

她呆了半晌，在鄉下那一段日子，她鮮少與親朋來往，新店開張自然不好意思下柬帖。克銘人未到，只託花店送來一對花籃，她表面含笑忙著招呼顧客，內心卻百味雜陳。

「杜薇，妳看誰來了？」李薔拉著一位西裝筆挺，濃眉大眼，一笑一口白牙的男士到她面前。

「我是夏霖。」他禮貌的伸出手和她握了握，像老朋友般的說：「妳是白薔薇吧！」

「夏先生，你……你說什麼？」

「沒什麼啦！」李薔搶著解釋：「我喜歡穿紅著綠，妳愛素淨淡雅，我老公開玩笑說薔薇坊有兩朵薔薇，一紅一白，是現成的廣告模特兒。」

「杜薇，對不起哦！」夏霖哈哈一笑，頑皮地眨眨眼。

這是夏霖初次留給她的印象：一個開朗、笑容很好看的男人。

從那之後，夏霖很少到店裡來。李薔和她平常除了討論工作外，也談談孩子的事或其他什麼的，可是，她極少向旁人訴說克銘和他的外遇，那樣會讓她自憐又自卑。李薔是個樂天派，成天嘻嘻哈哈，心無城府，什麼都講，因此，杜薇對夏霖一點都不陌生，儘管她與他見面的機會少之又少。

貨物的來源由香港改爲歐洲，利潤高，短短三年，杜薇不但還清借款，還有盈餘另起爐灶。她一直覺得欠李薔一份情，所以等到在中山北路的巷子找好地點，一切打點好了，才正式邀請李薔當合夥人。

李薔打量著新店的佈置說：「杜薇呀，沒有我，妳也有能力獨立作業，爲什麼讓我來分一杯羹呢？」

「以前妳幫我，現在算是回報，應該的嘛！」

「這麼說，我眞是有福氣，不用花什麼腦筋，又多出一家店。」

「說眞的，我們仍用『薔薇坊』這個招牌，好不好？」

「妙呀！以後我們可以開連鎖店了。」

她倆雇用了幾名有工作經驗的店員。每天上午李薔和她在東區的老店，結算前一日的帳，並清點貨物，下午再抽出一人前往中山北路的新店。兩家店銷售成績都很好，不過，每季成衣市場的折扣戰壓力也不小。

有時杜薇想趁到歐洲訂貨之便，順道到處去玩玩，但獨自一人，形單影隻，總是提不起勁。直到去年冬天，她到巴黎去趕一場春季服裝秀，剛走進華航商務艙，就發覺有雙眼睛緊緊跟著她，空姐殷勤的幫她找到座位就走了，她裝作不經意的回轉身，迎著她的是一張熟悉而好看的笑臉。

「杜薇，眞的是妳！」

「夏先生，沒想到我們會搭同一班飛機。」

「這下可有人聊天啦，」夏霖過來幫她安頓好手提袋：「以後請妳別再夏先生夏先生的叫，好嗎？那樣顯得怪生疏的。」

「那……我就連名帶姓的叫囉！」

「我不也那樣叫妳嗎？」

她的旁邊有個空位，夏霖老實不客氣的坐下來。飛機起飛後，空姐送來晚餐，他與她邊用餐邊聊天，她隨口問：「我怎麼沒聽李薔說你要出國？」

「她那裡有空管我？光那兩家店就夠她忙的啦！」夏霖睨她一眼，又低著頭切牛排。

「你到法國做什麼？」

「考察巴黎一般住宅的建築。」他又一塊牛肉進嘴裡。

「你們公司只有你一人去嗎？」

「已經有兩個人先走了。」夏霖用紙巾抹抹嘴，好玩地瞧著她：「妳問完了沒？」

「對不起，我只是隨便聊聊。」她也不知道爲什麼話多了起來。

專心用完餐點，她便望著機窗外，沈默不語。她知道夏霖目不轉睛地看著她，看得她渾身不自在，恨不得換個地方坐。

「杜薇，」夏霖打破沈默：「這幾年妳和李薔生意做得有聲有色，尤其是你『白薔薇』還小有名氣哩！」

「這個綽號還不都是拜你所賜。」

「玩笑歸玩笑，我看妳比以前瘦多了，是不是工作太辛苦？」

她搖搖頭，沒答腔。

「長途飛行挺累人的，」夏霖深深看她一眼，主動幫她放低椅背，轉暗燈光，並叫了兩杯紅葡萄酒，端一杯給她：「來，乾了它，好好睡一覺。」說完和她碰碰杯子，一飲而盡。

可不是該好好地睡一覺？打從走進成衣市場這一行，她像拴緊的發條，一刻也不敢鬆懈下來，因爲她輸不起，這會兒也許喝了點酒的關係，她不自覺放鬆緊繃的神經，被催眠似地漸漸走入夢鄉。

隱約有人幫她蓋毯子，隱約有隻厚實的手臂讓她當枕，隱約有股男人的氣息流淌在鼻尖……。這熟悉又陌生的溫柔，忽遠忽近，她不想張開眼，寧願沈睡不起，生怕一覺醒來，一切化爲烏有。

飛機突然一陣顛簸，乘客紛紛扣上安全帶，她醒來發現自己果眞斜靠在夏霖身上，連忙坐正身子，臉紅紅的道：「對不起！」

「沒關係，這是我的榮幸。」他含笑睨著她，同時捶捶麻木的手臂。

他們就這樣睡睡醒醒、醒醒睡睡的抵達巴黎。他陪她去訂貨、看服裝秀，也相約去參觀羅浮宮的名畫。在法國的最後一天，夏霖牽著她底手，躑躅在第戎小鎭寧靜的古街道上，出其不意的吻了她，她下意識地推拒：「不……不要……」

「怕什麼？這裡又沒人認識我們。」夏霖緊擁著她退到街邊法國梧桐樹下，更瘋狂的吻她，然後手拉手踩著滿地的落葉奔跑。

他神采飛揚的叫：「嗯，有初戀的味道！」那樣兒像品酒。而她，只覺腦中一片空白，天地在旋轉，這異國的天空出奇的藍，彷彿生命又注入了光和熱，這是愛情嗎？

也許情絲在沒有道德約束的環境下容易滋長；也許愛情在陌生的地方發展得特別快。由於克銘的前車之鑑，所以近七年的歲月，杜薇在感情的四周築起一道高高的藩籬，不讓追求者越過雷池一步。如果，不是偶然和夏霖搭同一班機，她相信這一切都不會發生。

返臺後，她和夏霖私下秘密約會，可是面對李薔，她又深深自責。夏霖熱情如火，她則爲了減輕內心的愧疚和不願扮演情婦的角色，堅持守住女人最後的防線。

一串風鈴聲響，玻璃門開了又關上，杜薇由沉思中回過神來，是店員上班的時間到了，她收拾起紛紜的思緒，撥通電話告訴婆婆，下午回新竹去接小元。

「薇薇，妳能不能回來住幾天？克……克銘休假在家……」婆婆在電話那頭試探。

知子莫若母，婆婆說的沒錯，克銘最近三番兩次跑來跟她懺悔，可是不知是日久感情淡了，還是怎麼的，她冷冷的反問他，爲什麼不提早兩年來？她愛婆婆，不忍令老人家太失望：「回去再說，好嗎？」

「好好，只要妳回來就好！」

放下話筒，又接到李薔的電話，說感冒要晚點到。杜薇吩咐店員幾句話，就先回家梳洗一番，仔細地化了淡妝，挽起長髮，穿上一襲米色絲質長裙，佩戴金色耳環、項鍊和腰帶，套上淺咖啡色的皮鞋。站在穿衣鏡前，鏡裡的人影，五官輪廓分明，身材高挑，加上合適的服飾，十足是個出色的女人，她拿起皮包充滿自信的走出門。

先開車到麵包店買婆婆和小元愛吃的西點，又多買一個蘋果派，準備去看李薔，再赴夏霖午時的約會，下午直接轉往新竹。車子到了夏家門前，腕錶正指著十一點，她想，這時夏霖已經到公司去了，她坐會兒就走。

夏家住的是大廈一樓，獨門獨院，她伸手要按門鈴，正好夏家的菲傭推著菜籃由邊門出來，她打個手勢叫菲傭不要驚動主人，菲傭認得她，點個頭反身關上大門。

她悄悄走進客廳，輕輕放下蘋果派，想給李薔一個小小的驚喜，驀地主臥室傳出摔東西的聲音，接著是夏霖的吼叫：「妳瘋了？妳要什麼有什麼，吵什麼吵？」

「你說，你有了白薔薇還嫌不夠，又去惹公司新來的女職員，什麼意思？」李薔也不甘示弱。

夏霖冷笑一聲：「妳以爲白薔薇和我有一腿嗎？那妳就錯了，她美麗多刺，很難上手的！」

「我不是給你製造機會和她一起出國嗎？」李薔的聲調降低了好幾度：「我知道，我……我……不能滿足你，可是你也不要到處拈花惹草，叫我在親友面前抬不起頭來。」

「我發誓只愛妳一個，外面的花花草草，不過是逢場作戲。」

「包括白薔薇？」

「那是當然。」

原來心無城府的李薔，也會用心機和手段來維持表面的幸福。

杜薇臉色蒼白、全身發冷，她終於明白和夏霖搭同一班飛機不是偶然；她終於明白她墜入的只是一張夏霖編織的情網。

咬緊牙，抹去滾出眼眶的淚珠，杜薇挺直腰桿走出夏家。發動車子，赴夏霖午時的約會？她想，不必了，愛情最好在還未褪色之前分手，那樣，永遠都是美麗的。

調轉車頭，婆婆慈祥的笑臉，小元純眞的呼喚，似乎在遠方浮現，她毫不猶豫的往南下的高速公路駛去。

故園驚夢

秋風乍起，張老爹又僕僕風塵由臺灣，經香港、廣州到達四川，他肩上斜背著一只裝得鼓鼓的藍色旅行袋，吃力地微弓著腰背，手拖著帶輪子的大皮箱，腳步踉蹌的走出成都機場。

午後的陽光，斜斜的照在他身上，滿頭白髮顯得特別粲亮，也特別引人注目。他張大眼睛望向接機的人群，喃喃自語：「順仔，應該來了呀！」

進出機場的人實在太多，他不能一直站在那兒不動，勉強把行李拖到一旁，從口袋掏出香菸來，突然「嚓」地一聲，旁邊一個年輕漢子伸過打火機替他點菸。

「謝謝！」他說。

「不客氣。」那漢子笑瞇瞇的擋在他面前：「老爹，回鄉探親的吧？要不要換點人民幣？」

他深深吸一口菸，搖搖頭。

「您老人家幫幫忙，換個千兒八百就好！」那漢子纏著他。

「對不起，我沒帶美金。」他驚覺到自己被人盯上。

那漢子一打手勢，不知打那兒冒出四、五個人，把張老爹團團圍住，這個說：「您老就別哄我們啦！」

那個嘿嘿冷笑兩聲：「有誰相信返鄉探親不帶黃金、美鈔呀？」張老爹口袋裡裝了兩萬塊美金，準備給他唯一嫡親的孫子討媳婦用的，本來跟他們換點人民幣也很方便，可是，這幾年常聽說被騙被搶的事例，所以，他避之唯恐不及，又怎麼敢錢財露白呢？

「您老不肯換就算了，」那笑臉漢子熱心的說：「這樣吧，我們乾脆好人做到底，幫你叫部車送你回鄉好了！」說著，也不問人家要不要，就招手叫車。

「不用不用，我兒子會來接我。」張老爹心裡一急，香菸拿不穩，而掉落地上。

那一伙人搶著拿行李，架著張老爹就往停車場走去。機場外的人們望一望，又漠不關心的調開眼光，好像這是司空見慣的事似的，猛地裡，有部麵包車飛快的衝進停車場，隨即由車上跳下一大票莊稼漢，直朝張老爹跑過來：「爺爺……爺爺……」

另外一位乾瘦黧黑的中年人，緊跟著喊叫：「爸爸，我們來接您啦！」

那笑臉漢子原打算把人哄騙上車，便可以予取予求，現在半途殺出這一大票農民，而且個個精壯，打架鐵定打不過人家，眼看到手的「鴨子」飛了，心雖不甘，也只好作罷，使個眼色，和他的同伙放開張老爹，悄然隱入人叢裡。

「順仔，你……你們怎麼遲到了呀？」張老爹驚魂甫定，雙腿一軟差點坐倒地上，看到兒子、孫子圍繞著他，埋怨道：「我被那幾個流氓歪纏，如果你們再晚些到，怕不出事才怪！」

「爸，我們在縣城租車延誤些時間，」順仔檢視了一下行李，不放心的問：「剛才那幾個流氓，沒對您怎麼樣吧？」

「幸好你們趕來了！」

「爸，我不是寫信告訴過您嗎？現在鄉下有不少年輕人放著田裡的活不幹，爭著往城裡跑，找不到工作就騙就搶，您怎麼不當心，還和他們搭訕嘛！」順仔皺皺眉頭。

「這怎能怪大伯？」志良是順仔同母異父的最小弟弟，他握緊拳頭掃了周遭的人群一眼：「哼！如果有人敢對大伯怎樣，我們兄弟就跟他對上。」

「爺爺，您……錢帶來了沒有？」說話的青年叫長慶，個子矮矮壯壯，方形臉、小鼻子小眼睛，偏生一張厚肥的大嘴，看起來有幾分痴傻。

張老爹睨著長慶，點了個頭。對這個一脈單傳的孫兒，他心裡又疼惜又有點說不出的失望，尤其經過方才這一番折騰，他發現長慶重視錢財勝過他這個爺爺，這一發現不禁令他感到心灰意冷。

志良一邊搬行李到車上，一邊催大家上車：「快走吧，趕到縣城還得四個鐘頭，天黑怕路上不安寧呢！」

九人座的廂型車，加上行李擠得滿滿的。志良彎下腰幫張老爹脫下皮鞋，又用衣服捲成筒狀，塞在他的頭下，說：「大伯，這樣舒服些，您好好的休息。」

志良勤快、細心、能幹，張老爹初次返鄉看到他的一舉一動就知道，忍不住在老妻面前稱讚他，老妻沒說什麼，順仔的臉色可不大好看，長慶則在喉嚨裡嘀咕：「盡誇別人好，又不是自己的親生兒子。」

唉！親生兒子、孫子又怎樣？張老爹暗暗嘆了一口氣。

車子離開成都機場，飛馳在平坦的公路上，遼闊的平原河道縱橫，大大小小的池塘散佈其間，稻子一片金黃，村夫農婦有的割稻，有的種菜，有的……，農家總有忙不完的農事。張老爹對農事曾經是那麼熟悉，現在卻是十分的陌生，每次返鄉，他專注而貪婪的看著兒孫忙田裡的工作，想從中喚起年輕時的回憶，有回甚至親自過去幫忙拉一隻不聽使喚的牛隻，可是，使盡吃奶的力氣也拖不動了，他頹然拋下手中的繩索，知道已喚不回年輕的歲月。

「爸，您累了，閉眼打個盹兒吧！」順仔體貼的說。

「大伯，路可長著呢，吃點東西墊墊肚子。」志良遞過來一包肉包子。

「爺爺，喝口水嘛！」長慶由後座傳來一瓶礦泉水。

「我在飛機上吃過了。」張老爹在兒孫的噓寒問暖中，心裡那一絲絲不快，立時爲幸福和滿足所淹沒。

幸福和滿足的感覺，對張老爹來說是陌生而非常可貴，他嘴角漾起深深的笑紋，陶醉在這遲來的天倫之樂中，雖然這一車的兒孫，只有兩個與他有血緣關係，但，又何妨呢！

田野、村落、河流，輪流飛掠過車窗外，時空拉近又拉遠，張老爹斜靠在座位上，一陣恍惚就跌入回憶的漩渦裡……。

那也是一個秋風乍起的日子，他和幾個來幫忙收割的同村青年，捲起褲管有的割稻，有的打麥，飽滿的穀粒水銀瀉地般的掉落，他心裡充滿了豐收的喜悅。在這個山谷裡住著二十幾戶人家的小山村，農忙時人們互相幫忙播種、收割，農閒時結伴上山打獵，數代以來都過著日出而作，日入而息，與世無爭的安詳歲月，山外的戰火幾乎從未燃燒到這裡來過，作夢也沒想到，他會被經過山區的部隊拉走了。

在刀槍的威脅下，他拚命的掙扎，還未來得及意會到這是一場生離死別，父母、妻兒的身影，便在驚惶失措、憤怒哀嚎聲裡模糊了。

彷彿，做了一場漫長的夢，初次返鄉，發覺那二十幾戶人家的小山村，已經成爲一百多戶的大村莊，不變的是他家的老屋依然佇立在山腳下，只是比從前更老舊殘破，而人事的變化更叫他唏嘘不已！父母死於清算鬥爭，親友失散，妻曾改嫁，後來丈夫又病故，昔日的青春少婦，如今已滿面風霜、老態龍鍾，反觀自己也垂垂老矣！

他感到安慰的是妻兒仍健在，連孫子都長大成人了，意外的是平空多出了三個異姓兒子。這三個異姓兒子喊他「大伯」，老大、老二和他並不親近，志良排行老三和他甚爲投緣，這一點，讓他有出乎意料之外的歡喜。

返鄉當天夜裡，他睡在老妻房裡，鄉下地方電力不足，黑暗中，他和老妻並躺著說著話兒，離別將近半世紀，時間太久遠，要說的話，想知道的事情太多太多，一時之間那說得完呢？

老妻一直說個不停，他聽著聽著就睡著了。

半夜，他醒來感到有雙手輕悄悄地撫摸他的臉、肩膀、胸膛……。啊！是妻那一雙粗糙的手，他睜大眼睛，看不清她臉上的表情，卻可以感覺她手指微微地顫抖，他緊緊握住她的手：「妳……沒睡？」

「我……我想摸你身上是不是熱的？」

「怎麼說呢？」

「因爲我怕又是在做夢，不敢相信你眞的回來了！」

他覺得妻太可憐了，情不自禁的摟著她親親臉頰：「這樣妳該相信我是眞的回來了吧！」

妻依偎在他懷裡低聲泣訴：「等你很多年，音訊全無，都以爲你已經死在他鄉，每年清明節給你燒香、燒紙錢……」他就這樣和老妻溫柔地相擁到天明，心裡明白歲月偷走的不只是一去不回的青春，還有年輕時的遐思和激情。

他給順仔一筆錢重建老屋、添購家具，給老妻金飾和足夠的零用錢，那三個異姓兒子也各有贈予。老妻跟順仔一家住在老屋，另三個兒子住在附近一棟房子，那是他們死去的爹遺留下的，房子外觀完好，倒是三個都成家，房間少，擁擠了一點，因此，老大、老二也想比照順仔的待遇。

「那是不可能的，憑什麼要我爸爸拿錢給你們蓋新屋？」順仔不願意旁人瓜分錢財。

「就是嘛，又不是你們的親爹。」長慶嘟著嘴，在一旁幫腔。

「這裡沒有你說話的份，」老大狠狠瞪了長慶一眼，轉身對順仔說：「大哥，你別忘了我爹也養育過你呀！」

「你們不能因爲這樣，就要敲我爹的竹槓吧！」

「大哥，你說話怎麼那樣難聽？我們是你弟弟呀，大伯的錢你好意思獨享？」老二氣呼呼的說。

三兄弟當著他的面爭得面紅耳赤。他攜帶的黃金、美鈔自己僅留五百元做爲急用，其餘的全分光了，說實話，兄弟爲錢爭吵，他心裡老大不高興，想出聲訓斥，又瞧見老妻左右爲難的樣子，這時志良霍地由竹凳上站起來，大聲的說：「哥，你們別吵了好不好？大伯給我們每人兩千人民幣，已經很多了，大哥的房子不改建，眼看就要塌了，而我們的還好好的，擠一點有什麼關係呢？等我們攢夠了錢再說嘛！」

哥哥們聽到弟弟這麼一說，便不好意思再吵下去了。

他知道農家收入有限，如果收成不好，生活更是捉襟見肘，所以第二年，他也幫他們三兄弟在原來的房屋空地上加蓋三間屋，讓他們住得舒服些，省得他們老借題和順仔計較這計較那，而傷了兄弟感情。

順仔木訥老實，又拙於言辭，和他說話總說不到一塊兒；他看不慣長慶好吃懶做，老妻認爲討了媳婦自然會變好；老大、老二和他中間好像隔了一層牆。無形中他有事便找志良幫他處理，或陪他翻山越嶺去拜訪親友什麼的，也因此，常引起順仔父子的醋意，不時提醒他志良不是他的親生兒子。說穿了，是怕他把錢多給志良。

儘管父子、兄弟相處有一些矛盾存在，他還是喜歡兒孫繞膝的溫暖與熱鬧，因爲，他單身在臺，老來太孤單寂寞！兩年後，新屋落成，那是一棟農村改良式的二層樓磚造房子，外表美觀大方，室內寬敞明亮，衛浴設備齊全，比之農村委員會的辦公室還要氣派，成爲全村最好的建築物。

他看了很滿意，順仔趁機勸說：「爸，您回來長住，省得每年兩邊跑來跑去，挺辛苦的！」

當然，這也是老妻最大的願望。

他想，返鄉定居，不但要生活費，可能還得養活這一大家子，同時又擔心兒孫不長進，依賴成性，雖然大陸物價便宜，但長此下去，他半生積蓄必然坐吃山空。

現在他更老體力更差了，這次回來給長慶辦好喜事，他決定就要做落葉歸根的打算。

車子一個急轉彎，猛然停在綿陽縣的招待所前，張老爹也由回憶中回到了現實。

在城裏住了一夜，次日上午順便採購一些迎娶必備的物品，才歡歡喜喜的上路。這兩個多小時的路程，放眼都是青山綠水、梯田、村落……，也許明年，等他把臺北那二十幾坪大的公寓賣掉後，他就可以回到老家安享天年，張老爹腦海裏不由描繪出一幅美好的遠景。

中午抵達張家溝，依照前幾回的情形一樣，門口圍著一堆左右鄰居，張老爹也照例請大家抽香煙、吃糖果。鄰人走了之後，老妻和順仔的媳婦笑瞇瞇推著一位姑娘，走到老爹的面前：「這是未過門的孫媳婦。」

那姑娘紮著雙辮，大大的眼睛，小小的嘴，出落得像朵花似的，令人眼睛一亮，她低著頭叫了一聲：「爺爺！」

「來來，這是見面禮。」張老爹笑呵呵的由口袋掏出一只小首飾盒。

長慶上前幫她打開盒子，裏面是一條金光閃閃的雞心項鍊：「小梅，你看我爺爺對妳多好啊！」

小梅見到金項鍊的刹那，臉上閃過一絲難掩的驚喜，但，隨即抿著嘴，面無表情的睨了長慶一眼。

這兩人，一個長相粗俗，一個面貌姣好，外表並不相配，而且明顯的可以看出小梅對這個未來的新郎不太喜歡，不知這女孩怎會願意嫁給他？

小梅的爹也拎一籃皮蛋、兩瓶劍南春來看張老爹，用膳時，小梅的爹，酒一杯一杯的乾，她娘眉飛色舞說個沒完，她叔叔不大說話，一雙眼像探照燈，到處望呀瞄的看得老爹混身不自在。

午後，準親家都走了，張老爹和老妻回房休息，老妻談起這件親事，亦喜亦憂：「原先說的是鄰家的大妞，乖巧溫順又能吃苦，長慶嫌人家醜，他自己看中鄰村的小梅，小梅長得俊，可是她爹酗酒，家裏窮，很多人去提親，她爹娘要五千塊聘金，聽說她有個男朋友，籌不出那麼多錢，她爹娘便禁止他們來往，長慶知道了，吵著要我們央人去說媒，對方一聽你是台胞，聘金一下子跳到兩萬……」

「是美金，還是人民幣？」

「人民幣。」

「哦！」張老爹鬆了一口氣。

「沒辦法呀！順仔就這麼一個寶貝兒子，又非要小梅不可，我們只好答應了。」

在這個偏僻的山村，兩萬塊聘金是一筆很大的數目，自然轟動全村，大家就等著瞧熱鬧、喝喜酒。

張老爹皺起眉頭，他不是心疼那幾個錢，憑良心說，再多些他也捨得，只是想起搬入新屋那天，農村書記、幹部、親友、鄰居齊來道賀，順仔父子得意洋洋的周旋在賓客之間，儼然成爲當地的新富階級，客人樓上樓下走動，有的摸摸彩電，有的坐坐沙發，還不時的瞄瞄順仔手上的大金戒，個個眼裏溢滿羨慕與妒嫉，那時他就覺得他家經濟環境改善，顯得突兀而招搖，給當地的人們衝擊太多，不是一件好事。因此，他曾吩咐順仔以後給長慶辦喜事，不可再大張旗鼓，現在光聘金，就鬧得滿村皆知，更加深他心中的不安。

傍晚，志良額頭上戴著探照燈，腳穿長筒靴，肩上扛著獵槍，站在大門外呼叫：「大伯，我上山打獵去啦！」

村裏的人，習慣摸黑上茶坪山去獵野兔，因爲天黑野兔照到燈光就呆立不動，很容易被獵殺，所以夜晚上山，天明下山很少空手而歸。

「要小心呀！」張老爹聽到叫聲，由屋裏追出來，看到志良全副「武裝」往屋後的小路上山去了，那依稀是他年輕時的身影，心裏一歡喜，什麼煩惱都忘了，只巴望志良獵幾隻野兔或山雞，燉鍋香噴噴的野味，陪他喝兩盅老酒，再擺擺「龍門陣」，便是他最嚮往的晚年生活。

迎娶的日子定在八月底，過了中秋就開始忙了。四川秋天多雨，爲了怕遇到下雨，順仔找人幫忙搭棚架，志良和長慶一家家分送喜帖，老大、老二負責商借桌椅，宴客的酒席則請同村幾位善於料理菜餚的人來掌廚。

親友、鄰居接到喜帖陸續的送禮來，有的送雞鴨魚肉，有的送米麵，有的送紅包，端看個人經濟環境的好壞與交情的深淺。張老爹也裏裏外外忙乎著，有時和送禮的人打招呼，有時幫著整理各色各樣的禮品，那天上午老妻在拆紅包，發現其中夾了一個普通信封，裏面裝的不是禮金，而是一張薄薄的信紙，她不識字順手拿給老爹，老爹戴上老花眼鏡一看，信是這樣寫的：張老爹：你老人家好！

恭喜你們家又要辦喜事了，如果不是因爲你有錢，你家那個渾小子怎能娶到如花似玉的美姑娘？

眞是不公平呀！老爹，我們太窮了，想跟你借幾個錢花，限你接到信的第七天，用紙包五萬元放在你家屋後那棵柏樹下，自然有人會去拿，希望你不要驚動村人，不然喜事就辦不成了。

「順……順仔，快……快來！」老爹大吃一驚，在臺灣看報、看電視新聞，社會上幾乎天天發生綁架、勒索的事件，對象都是大財主，像他這樣的退伍軍人，每月靠退休俸和一點存款利息生活的人，歹徒是看不上眼的，沒想到回到這個純樸的山村，竟然成爲歹徒眼中的「肥羊」。

「爸，什麼事？」順仔由外面走進來。

屋裏的人瞧見老爹面色蒼白講話結巴，都圍了過來，順仔識字不多，接過那封信照著唸了個大概，家人聽了慌成一團。

「怎麼辦？」

「這封信會是誰寫的呢？」

「會不會有人開玩笑？」

這件事很快便傳遍全村，村裏沒有公安，什麼事都找農村委員會，當天書記就派幹部來「關心」，查問半天，既沒人看見信是誰送來的，也沒有與人起糾紛或結怨，最後幹部把信帶走了。

第二天天剛朦朦亮，順仔的媳婦照常起來作飯、掃地，又發現第二封信，這封信直接指責他們不該驚動全村，要他們備好錢，過了時限，要殺害他們全家。

這下確定不是開玩笑，順仔全家老小害怕極了，甚至不敢住在家裏。長慶主張給錢了事，順仔捨不得那大把花花綠綠的鈔票，老爹擔心惡例一開，沒完沒了。幹部又來拿走第二封信，同時轉達書記的話：「不可以給錢，歹徒食髓知味，怕影響今後農村的治安。」

「那怎麼辦呢？」順仔愁眉苦臉的說。

「放心，我們正在調查。」幹部巡視室外環境，要他們晚上門窗鎖好，不要外出。

白天提心吊膽的幹活，夜晚窗外漆黑一片，秋風陣陣，樹影搖動，彷彿草木皆兵。張老爹左思右想不能成眠，索性披衣下床，老妻和媳婦上老大家去避難，家裏分外的冷清，走到客堂，順仔抱根棍子斜靠在椅上打盹，長慶平躺在長沙發上張大著嘴打鼾，這小子在這種情形之下，居然這麼好睡，他看了暗暗嘆了一口氣。轉過頭，志良懷抱著獵槍坐在門邊的椅上，面對著那扇小窗一口一口抽著菸，守著夜，他感到很安慰也很感動，尤其在老大、老二找理由不願共赴「家難」時。

「大伯，您沒睡？」

「睡不著，」張老爹也點燃香菸：「你辛苦了！」

「還好啦！」志良苦笑笑。

「我一直在想，我們這個村子一向平靜，現在發生這種事，完全是衝著我來的，所以我想提前回臺灣。」

「這不關您的事，農村委員會正在調查，」志良頓了頓又說：「還有長慶的婚事沒辦，您怎能就走呢？」

在那幾個漫漫長夜裏，他和志良談著他的去留、談著臺灣、大陸兩岸的現狀，談著……這樣可以暫時忘卻緊張和恐懼。到了第七天，順仔找來幾個孔武有力的壯漢坐鎮家中，以防萬一，這一天好像特別長，打太陽從茶坪山升起，挨到日正當中，挨到晚霞滿天，愈近黑夜愈緊張。忽然有鄰人跑來叫門：「順仔，快開門，捉到……捉到啦！」

「捉到什麼？」長慶拉開一條門縫，探頭問。

「當然是寫恐嚇信的人唷！」

「哇！」屋裏的人大大地鬆了一口氣。

「信是誰寫的？」長慶拉著鄰人追問。

「這事是……是小梅的叔叔幹的！」

「怎……怎會是他呢？」長慶愣住了，喃喃的說：「有沒有搞錯……」

「錯不了，聽說是對筆跡對出來的。」

根據農村委員會調查，小梅的聘金是她叔叔說成的，她叔叔要求六千元的大紅包，她娘只肯付兩千，她叔叔一氣之下動了歪腦筋，又由長慶的嘴裏得知老爹攜帶了鉅款回來，便寫信恐嚇勒索，妄想發筆橫財。

這件事傷了兩家的和氣，因而婚事延期。

張老爹的心情由峰頂跌到了谷底，他提前返臺，這門親事結不結得成，他不想多問也無從管起，想到今後何去何從，心中一片惘然！

兩代情

玉山今兒格一早便起床，梳洗完畢，穿了套女兒替他買的鱷魚牌休閒服，腰上皮帶說是法國名牌，腳上皮鞋則是兩年前女兒結婚時買的，到現在總共穿不上十次。阿桂老是調侃他有福不會享，數十年如一日只愛穿黑色的「趿皮」，和鎮上地攤買的一佰元一雙廉價慢跑鞋。他也不甘示弱故意取笑她愛光著大腳丫，粗硬龜裂的腳，和她那張抹「胖死」塗「封面女郎」的白臉，十分的不搭調。

「若是年輕幾歲呀，看到妳那雙大腳不嚇跑才怪！」玉山每次說到這裏，瞄見阿桂臉脹得豬肝紅，就趕快溜之大吉。

有時話說得過火，又溜得不夠快，被她抓住免不了一頓數落：「你這老猴仔笑我腳大，也不想想，我嫁到你家上山打柴下山種田，不是挑糞，就是踏爛泥，你還想我有雙細白細白的腳？做夢！再說當年窮得三餐都顧不了，還想穿鞋？你唷，如今吃了幾天飽飯就敢嫌七嫌八啦！」食指一戮，重重點上了玉山的額頭。

他撫著腦門，學野台戲的唱腔：「娘子在上，小生下回不敢了！」左打躬，右作揖，直到把阿桂逗笑爲止。

表面上他常拿阿桂的腳做「文章」，說說笑笑，骨子裏卻是難忘從前貧困的歲月。

那一年，阿桂由後山嫁到前山，以爲從此不必再住破草厝，三餐不用老吃蕃薯籤，沒想到才進玉山家，她那張如山茶盛開的臉，立刻蒙上了一層寒霧。拜過祖先和高堂，新娘進了洞房忍不住掩面哭泣，伴嫁的娘兒只當她初到陌生的環境，想家之故，玉山到夜半才弄清楚，原來夫家的破瓦厝並不比她娘家的草厝好多少，想到這一生一世仍然要過窮苦的日子，不禁悲從中來。然而，看到大鼻、大眼、闊嘴的夫婿，在那盞昏黃的煤油燈下逗她開心，想起一句鄉俚：醜醜尪，吃不空。心一軟，也就不計較了。

這是新婚燕爾，阿桂向玉山透露的心事。

「阿爸，您在想啥？吃飯囉！」佩玉進來看到玉山盯著那雙油亮的皮鞋發怔，又說：「快點嘛，要趕火車。」

玉山如夢初醒，忙套上皮鞋走出房門，經過女兒的房間，往屋裏呶呶嘴：「志豪還在睏？」

「昨晚有應酬回來晚了，志豪說不送您，請阿爸原諒！」佩玉邊走邊解釋。

「免啦，公司卡莫閒，讓他多睏一會。」

餐桌上早已擺好飯菜，玉山扒一口飯，心中很溫暖，女兒還記得老爸有吃乾飯的習慣；而到秀男家，媳婦給他準備的是牛奶、麵包，這些洋玩意兒他就是吃不來。女兒陪他吃了點菜，起來打開櫥子，取出兩罐肉鬆、兩包牛肉乾：「阿爸，請您帶給秀雄，叫他放寒假來我這裏玩幾天。」又拿出兩條三五牌香菸和一疊鈔票：「這是孝敬您的！」

玉山把給秀雄的東西和香菸放到旅行袋裏，那疊鈔票不肯收：「昨天臨走秀男給了我一萬元，那用得完？」

「出門嘛，身上總要多帶點錢。」佩玉把鈔票硬塞到老爸胸前的口袋。

這幾年志豪的建設公司賺了些錢，女兒是牙醫，收入豐厚，想到這一點，玉山也就不再推辭了。

父女倆由九樓乘電梯下來，佩玉到地下停車場開了她那部紅色喜美，送老爸到高雄火車站，搭八點半的莒光號。佩玉叮嚀老爸上下車要小心，不要太節省，到臺北坐計程車去看秀雄，記得打電話回家……嘮嘮叨叨，把他當三歲小孩。

由車窗望出去，彷彿還是昨日的事，這聰明美麗的女兒，那年玉山陪她到高雄醫學院註冊，她一副怯生生的小模樣，眞叫他不放心呢！曾幾何時，她反倒過來照顧老爸爸了。火車緩緩移動，女兒的倩影就在他的喟嘆聲中，漸漸模糊。

八月的陽光火辣辣地，車廂冷氣有如初秋，玉山點根香菸，深深吸了一口，徐徐吐出，淡淡的菸草味混和著女兒的孝心，令他感到滿足而幸福。他這一輩子就只喜歡抽點菸，逢年過節喝兩杯，以前生活苦常常「斷糧」，早養成不挑剔的習慣，所以，現在他的兒女都說老爸好款待。

窗外的景物，一一閃過，城市、鄉村、田野，不久便是平坦遼闊的嘉南平原。嘉南大圳支流密佈，灌溉著這片沃土，水稻、蔬菜、甘蔗，一片片，一畦畦，鋪展到天邊。火車像條長龍，「嗚」地一聲劃過長空，奔馳過平原，玉山神思遊移，飛回臺東鄉下那座美麗溫暖的家園。

× × ×

許久許久以前，玉山的祖先渡海來臺，輾轉來到這偏遠的山村墾荒落戶，開墾出幾甲山林，幾分田地，以及一棟泥牆薄瓦厝。到了他父親這一代，瓦厝已搖搖欲墜，但卻無力改建，每到颱風季節，就用幾根粗木頂住前後牆柱，惟恐狂風暴雨摧毀了全家賴以安身之所。

日據時代，對臺灣人有種種限制，玉山家山多田少，種植玉米、番薯、小米等等雜糧，繳了稅賦，餘糧勉強可餬口。可是他父親一被調去造橋鋪路，家中老的老，小的小，勞動力有限，耽誤播種期，影響收成，因此，飽一頓餓一頓是常有的事。

這還不打緊，最畏懼的是日本警察，只要鄉道上出現日警的影子，祖父急著跑回家，幫忙祖母掃地、燒茶水，父母親由田裏奔回，全家戰戰兢兢垂手站立門前迎接「嘉賓」。日本警察大刺刺的坐在椅子上，邊喝茶邊問東問西，稍一不對或瞧你不順眼，立刻招來一頓拳打腳踢，往往把躲在一旁的小孩嚇得哭起來。所以，如果有那家孩童哭鬧不休，只要說，警察來了，馬上不敢哭不敢鬧了。

當臺灣光復的消息傳到那個偏遠的山村，地方上的人歡天喜地奔走相告，臺灣重回祖國的懷抱。這一年玉山十四歲，也曾時斷時續的上了幾天公學校，也跟祖父認了幾個漢字。

戰後的臺灣，社會經濟蕭條，民生物資奇缺，日子仍然窮困。民國三十八年政府撤退來臺，臺灣一下子增加了很多人口，偏遠的地區陸續遷入不少住戶，南腔北調，比手劃腳，大家相處倒也融洽。山間小路一條條的開闢，後來拓寬鋪上柏油，成爲可以行車便利運輸的產業道路；迂迴平緩的山坡有人養牛羊，種果樹，後來都成爲或大或小的農場。地方建設突飛猛進，社會經濟一步步的成長，人們的生活也日漸改善。

八、二三砲戰後，有部份軍人因傷榮退，有的轉業、有的領了退休金自謀生活，老胡就在這時候來到這裏，他買了片山林，和玉山的山坡相連，中間隔了一排相思樹，住在距離玉山家不遠的小木屋。老胡是河南人，當年響應政府「十萬青年十萬軍」的號召，參加抗戰，轉戰南北而到臺灣，他身上有多處傷痕，細數起來都是一頁頁的光榮史。

有天深夜，玉山的父親腹痛如絞，非送醫不可，那時交通工具不若今日的普及，祖父又年老體衰，玉山不得已就近去找非親非故的老胡幫忙，兩人輪流揹父親到鎭上就醫，雖然由於路途遙遠，耽誤病情，父親終究不治，但，老胡樂於助人的熱情，博得了玉山一家人的友誼。

老胡在大陸唸過師範，本來可以去當教員，可是他鍾情山林，愛過陶淵明式的生活，工作之餘，看書寫文章是他的嗜好。玉山結婚，他幫著張羅，秀男剛滿月，他便急著認乾兒子，平常抱呀哄的，疼愛一如己出。

玉山的祖母常慨嘆：「我活了這一大把年紀，從沒看過這麼喜歡小孩的男人。」

有時玉山看見自己的兒子，依戀老胡的樣兒，也會沒來由的擔心老胡把孩子拐跑。

「拐跑，拐到那裏去？」阿桂跟他翻白眼：「人家的產業都在這裏，你別『狗咬呂洞賓，不識好人心！』」

這話有道理，玉山也就不再胡思亂想了。

許多個風雨之夜，玉山穿蓑衣、帶手電筒，赤足摸黑穿過阡陌間，光臨老胡的小木屋，兩人燈下喝茶聊天，如果有酒，老胡臨時炒盤花生米，談興就更濃了。有回老胡多喝了兩杯紅露酒，微醺中，談起了他的故鄉，以及對親人的思念，那縷剪不斷的鄉愁，在風雨交加的夜晚，特別的令人斷腸！「成家吧！老胡。」玉山勸他。

「我這個四十不上不下的年紀，誰願意嫁給我？」

「隨便啦，內地女子，臺灣查某，山地姑娘，能勤儉持家，你合意就行了！」

「哈哈！老弟，看不出你小我十來歲還懂得這些。」老胡爽朗一笑：「但是，我也不能『飢不擇食』呀！」

「什麼叫『飢不擇食』？」玉山一頭霧水。

老胡向他解釋半天，他才恍然大悟。

也許玉山的話提醒了他，也許年華漸去，返鄉夢漸遠，老胡也想落地生根，積極物色對象。

不久，老胡央請會講山地話的鄉長出面爲媒，娶了位阿美族的姑娘，玉山一家人都喊她胡嫂。

胡嫂有雙清澈如水的眸子，臉上一對梨渦，笑起來很迷人，她讀過小學，會點國語也會講點臺語，後來老胡還教她看其他的書籍，久了，也能寫出流暢的書信和一手漂亮的字。她和老胡一樣的喜歡小孩，可惜一連流了兩次產，好不容易保住第三胎，生下了小娟，此後不知怎麼的，就是不再懷孕，因此，老胡特別寶貝這個女兒。

阿桂每兩年就生個孩子，而且生孩子就像母雞下蛋那樣的簡單，除了秀男是頭胎稍慢外，佩玉、秀堂、秀雄都是腰肢一瘦，孩子就落地，坐月子食用幾隻麻油雞、兩窩蛋，不到滿月便又生龍活虎的上山下田了。玉山苦在家中食指浩繁，守著那片祖產坐困愁城，老胡建議他把部份平緩的坡地改種釋迦和木瓜，田地仍舊種稻，山邊水涯的畸零地則種蔬菜和雜糧。

玉山望著那片山林，疑惑的說：「種釋迦和木瓜？」

「這裏的氣候適宜種這兩種果樹，不但長得快產量也多，你看我那邊的木瓜樹，去年開始收成，今年已結實纍纍。」老胡不厭其煩的又說：「老弟，你太保守了，現在社會經濟漸漸好轉，都市生活和以往不大一樣，人們的消費習慣也改變了，水果的需求量比從前多得多，遠景可好哩！」

玉山不太會看報紙，專業知識大多傳自父親和自己的經驗，父親和祖父過世後也沒人可商量，他看過老胡的果園，信任老胡的知識和判斷，毅然改變傳統的經營方式。

家中能工作的人少，玉山又僱不起工人，秀男小學畢業，玉山不讓他升學，想留下來做幫手。爲了這件事，老胡幾乎和玉山翻臉：「工作可以想辦法僱人，你要不給秀男讀書，我來供給，這樣總可以吧！」

「孩子讀不讀書關你什麼事？」玉山氣虎虎的嚷叫。

「我是秀男的乾爸，有什麼不可以？」

「鄉下孩子不都是這樣，能認識幾個字就行了。」

「那是以前的想法，現在政府推廣教育，明年起實行九年義務教育，孩子不讀書將來跟不上時代的！」

「算了吧，你認識一籮筐的字，還不是窩在山裏作農。」玉山不以爲然的說。

老胡一聽玉山把話扯到他身上，又好氣又好笑：「我是可以謀份不必風吹雨打日曬的工作，但是，人各有志，我喜歡這種生活，再說，作農只要經營得法，不見得就沒有好日子過呀！總之，讀書對孩子的將來很重要。」

顯然，最後這句話玉山聽進去了。

也不知老胡的小木屋有什麼吸引力，每到星期天不上學，秀男常往那兒跑不說，連佩玉、秀堂、牙牙學語的秀雄，也跟在哥哥姐姐的後面，跌跌撞撞的走過那條彎曲的小路到木屋玩，胡嫂不嫌髒，老胡不嫌吵，更要玩到掌燈時分，阿桂張開喉嚨喊了又喊才依依離去。

每次到鎮上老胡總不忘買些糕餅、糖果，給孩子們解解饞；每回功課有疑問，也找老胡解答；每當夕陽西下，玉山和老胡荷鋤下山，孩子們遠遠瞧見了，飛奔到面前叫聲阿爸，然後圍著老胡叫胡伯，有的抱大腿，有的攀手臂，把老胡當棵大樹搖呀爬呀，樂得老胡哈哈大笑。

有個下雨天，玉山到果園清除排水溝的雜草，下山經過老胡家，想過去喝杯茶。剛走到屋角便看見他的孩子和小娟，一溜兒坐在門檻上，津津有味聽老胡講「西遊記」，他停下腳步，也聽出神來，直到胡嫂叫：「麵炒好了！」老胡才看到他，並說：「我留孩子們吃麵，你也來。」

「什米好日子有麵吃？」玉山一把抱起小娟：「來，阿叔親一個！」

「我養的母鹿昨天生了小鹿，你說是不是該慶祝？」老胡喜孜孜的說。

「啊！太好了，小鹿很值錢哩！」玉山一臉的羨慕。

「老弟，怎麼樣，有沒有興趣試養看看？」

「想是想，不過……不過……」玉山放下小娟：「買鹿的錢不夠。」

「這樣好了，你先把養鹿的地方整理出來，我把小鹿留給你，錢，有的話先給我一部份，其餘的等手頭方便再算給我，這樣可以嗎？」

玉山喜出望外的說：「那怎麼好意思？」

「自己人不要見外啊！」

這一回，玉山老實不客氣的接受了老胡的好意。

事實證明老胡是有眼光的，不出幾年果樹就有很好的收成，養鹿取茸、賣小鹿，都有很不錯的收入。玉山的經濟狀況一年比一年好，破瓦厝改建成洋房，幾個孩子也因經濟環境的改善，得以接受完整的學校教育。

貧窮困苦的日子早已遠離，歲月由指縫間流逝，如今，老胡和他都擁有一座遠近馳名的農場。

回憶的翼子，就在「各位旅客臺中站到了」的廣播聲中，輕輕打住。

火車停了數分鐘又開動了，玉山在車上買了個便當，打開便當盒，回憶的翼子又飛起來……

臺中他來過兩次，一次送秀男到中興大學，一次參加畢業典禮，後來秀男在中興嶺服兵役，老胡因爲軍中有舊識，每逢探親日就藉機代他去看秀男。每次去都遇到在高雄師院念書的小娟，老胡才知道女兒和秀男已由青梅竹馬進而談戀愛了。

老胡心中徬徨，一個是獨生女，一個是乾兒子，這種關係叫他難以啓口，可又不得不對玉山說明白。

那天午後，老胡特地到玉山農場，當他把兒女的事說出來，玉山先是興趣盎然地聽著：「哈，這倒有意思！」繼而一拍腦門：「哦，對了，你說過小娟是要招贅的，是嗎？」

「沒錯，我只有這麼一個女兒……。」老胡點點頭。

「那怎麼行，我的兒子不入贅。」玉山搖搖頭。

「老弟，你有三個兒子，一個……一個到我家，你還有兩個……。」老胡紅著臉爭辯。

「不能這麼說，我們這兒一般男子是不作興也不願入贅，怕受氣，怕被人瞧不起，除非日子過不下去或有特別的原因，否則，決不考慮。」

「那是你的想法，這附近誰不知道我喜歡秀男，疼愛都來不及，怎麼可能給氣受，大家也都知道我只有一個女兒，不得不招贅，將來我所有的一切都要交給女兒、女婿，有什麼……。」

玉山打斷了他的話：「那更不好，人家會說我們圖的是你的財產。」

「我的財產都是多年辛苦經營累積來的，有什麼不好？」老胡霍然由沙發站起來：「算了，再說下去也是自討沒趣！」老胡神態怏怏的走出玉山農場。

阿桂先是高興，後見不歡而散，心裡又急又難過。想到小娟的溫柔乖巧，又是從小看著長大，不用探聽，什麼都清楚，打著燈籠找也找不到的好媳婦，眼看著好事鬧僵，這可怎麼好呢？想來想去，都是玉山那個死腦筋，一根腸子通到底惹的禍，不由埋怨：「你唷，眞是老番癲，話不會說婉轉些嗎？人要面子樹要皮，你一口回絕人家的好意，還說怕這怕那，叫老胡怎麼不生氣？」

「愛說笑，我的兒子怎麼可能入贅？」

「你唷，『蚊子叮牛角』講也講不通，秀男在當兵，小娟未畢業，先問清楚再合計也不遲呀！」阿桂說到這裡，推玉山出門：「去，去向老胡解釋解釋，三十年的交情，不能因這件事，心裡存了芥蒂！」

茄冬樹的影子朝東方拉得長長的，幾個收工的男女一路聒噪的經過玉山的面前，打聲招呼推出腳踏車，踩著滿天的晚霞走了。玉山獨自靜靜站在屋簷下，環顧果園、鹿苑、魚塘、羊群……，農場由初創、到欣欣向榮、到豐收，是一條艱辛漫長的成長路，而老胡一直是幫他指引他步上軌道的導師，今生今世，他怎能忘記？

暮色中，附近一位老婦手牽著兩個稚兒在草地上玩耍，玉山心中一動，胸有成竹的返回屋內撥了個電話給秀男。在等秀男回家的那些天，玉山儘量避免和老胡碰面，有事就叫阿桂去傳話，而老胡有事也叫胡嫂來。

「老猴仔，你又在變什麼把戲，有事自己不去，我又不是報馬仔，把我差來差去！」

「嘿嘿，等秀男回來，妳就知道。」玉山神秘地笑笑。

「老番癲，你得罪了老胡，不要又氣走兒子，我可不依！」

「好了，阿桂，妳年輕時玉山玉山叫得多甜蜜，現在左一句老猴仔，右一句老番癲，我眞有那麼醜老嗎？」玉山笑嘻嘻的把臉湊過去。

阿桂狠狠一推：「你唷，得意什麼咧！」

秀男有兩天的探親假，特地轉車到屏東買了兩樣禮物，回到家天都黑了。玉山忙著問秀男和小娟的事，阿桂不時提供點意見，商量到深夜才就寢。次日一早，父子倆提著禮物上老胡家，小娟早在門前等候，看見他們來，揚聲往屋裏喊：「爸……丁叔和秀男哥來了！」

玉山有些意外，小聲的問秀男：「你約了小娟一起回來？」

「是的。」秀男頑皮地裝個鬼臉。

「小猴仔，你們兩個相好，也瞞得緊緊的！」玉山笑罵道。

老胡一家早不住小木屋，另外在旁邊蓋了一棟三合院的平房，庭院裏都是他親手栽的花樹盆景，堂屋的擺設純爲中國式，幾幅字畫，精緻的楠木家具，仿古青花大瓷瓶，玻璃櫥裏半是排列整齊的書籍，半是他由各地搜集的陶壺，書香、茶香盈滿一室。

秀男看到老胡由內室出來，趨前叫聲：「乾爸！」

老胡拍拍他的肩膀：「什麼時候回來的？」

小娟搶著回答：「爸，昨天我們一塊兒回家。」又指著桌上的禮物：「這是秀男給您帶來的萬巒豬腳、燻肉、凍頂烏龍，都是您愛吃的！」

「幹嘛買這些，又不是外人。」

玉山乾咳一聲：「老胡，那天我話講急了，眞失禮！」

「沒什麼，你有你的想法，我有我的苦衷，慢慢再談，來，喝茶！」

玉山接過小娟端來的香茗，淺啜一口，說：「昨晚我問清楚秀男和小娟的事，並問他有什麼意見，他說全憑我們作主。」看老胡沒反應，又說：「你看這樣好不好，小娟嫁給秀男生的第一個孩子，不管是男是女都跟母姓，第二個孩子才跟父姓，這樣行嗎？」

老胡心忖，自己也是太急躁了些，本來要找一個人品、學識樣樣好，又要肯入贅的人選，就不是容易的事，玉山這個主意，不失爲兩全其美之策，而且玉山的誠意也令他動容，數周來的陰霾也就一掃而光。他考慮片刻，注意到秀男和小娟焦慮的眼光全投在他身上，他故作冷淡的問小娟：「妳有什麼意見？」

「沒有。」

「眞的沒有？」

「爸，您怎麼啦？」小娟依偎過去。

「妳呀，女大不中留！」

「爸，阿叔等著您回話哩！」小娟羞紅了臉。

「哈哈，女兒都答應了，我不同意行嗎？」老胡又回復爽朗的笑聲，興致勃勃的呼叫胡嫂去菜園拔些蔬菜回來；要秀男開車去鎭上買酒；吩咐小娟去請阿桂來午餐，他要親自下廚。

困擾玉山多日的問題，終於塵埃落定。

「老弟，來，我倆再喝一泡茶！」

玉山按住老胡的手：「不了，我去魚塘撈兩條鯉魚。」

「那更好！」老胡一拍玉山的肩頭：「我做一道大家都愛呷的糖醋魚。」

小娟師院畢業後，教了半年書便和秀男結婚，現在已生了兩個活潑可愛的男孩，玉山也遵守先前的約定，讓大孫兒從母姓，彌補了老胡無子的遺憾，兩代之間，也因第三代的誕生關係更密切。

秀男在知本風景區經營溫泉旅館，住在知本的時候多，接著秀堂考上公費留學，到美國去了，而秀雄則在臺北念大學。偌大的農場只有玉山倆老廝守，老胡也是如此，不過，秀男和小娟經常回來幫忙處理農場事務，兩個孩子就分別住在玉山農場和老胡的農場，童稚笑語，其樂融融。

近來玉山和阿桂心事重重，從六月底放暑假，秀雄帶了個女同學在家住了一個星期，說學校有事，匆匆又走了。阿桂對玉山說：「秀雄這個女朋友長是長得不錯，可是，講話欠忠厚，看這不順眼，看那也不順眼，反正感覺怪怪的！」

「對呀，她在這裏看電視新聞，我有聽到她和秀雄興奮的討論什米旅行啦，學運啦，我眞不懂這些少年仔，有好日子不讀書，搞得雞犬不寧的事兒，倒是興趣多多！」玉山也皺起了眉頭。

阿桂越想越不放心：「我看趁早叫秀雄不要和她來往比較妥當。」

然而，電話一通一通的撥，卻都找不到人，迫得玉山親自北上。

× × ×

火車又長鳴一聲，新竹、桃園過去了，轉眼到達臺北車站。車站人多，每次來玉山都感到茫茫然，隨著人潮走出地下道，站在馬路邊東張西望，看不到老胡的影子，老胡早幾天到臺北看朋友，領取戰士授田補償金，約好在這裏碰面，一起去公館看秀雄。看看腕錶早已過了約定的時間，正等得不耐煩，老胡才滿頭大汗的出現，「今天又有群衆走上街頭抗議，交通堵塞，害你久等！」

「前幾天才在電視上看到遊行，這次又抗議什麼？」玉山好奇的四處張望。

「唉！跟你一時也說不清，我們走吧！」說著，老胡就幫玉山拎了那只沈重的旅行袋。

玉山一把搶過來：「老胡，你今年七十了，怎能讓你拿這個？」

兩人在忠孝西路叫不到計程車，只好徒步走到新公園去搭公車。車子由愛國西路轉往羅斯福路，遇上冗長的遊行隊伍，又是敲鑼打鼓，又是街頭演講，有噓聲、有喝彩、也有衝突。

抗議遊行的群衆和看熱鬧的觀衆，擠得水泄不通，汽車進退不得，交通因而癱瘓，公車乘客統統下來走路。群衆經過的地方，商店唯恐遭受池魚之殃，紛紛拉上了鐵捲門，商業反常地蕭條，警察散佈在各處街口，嚴陣以待，街上瀰漫著一股「風雨欲來風滿樓」的不安氣息。

老胡年輕時曾見識過這種場面，情緒雖激動，但也能冷靜地當個旁觀者，只是他不明白，走過了動盪不安，走過了坎坷路，大家才擁有今日安定富足的生活，爲什麼不知珍惜，難道想走回頭路？

而玉山長年居住在純樸的鄉間，臺北也是因爲送秀雄讀書才來過幾次，他不習慣這裏的擁擠和吵雜，不喜歡都市人情的冷漠和疏離，卻沒想到趕上了這場熱鬧。感覺挺新鮮的是，光復前，老百姓怕警察怕得要死；光復後，警威仍然存在；近年來，警察的地位，一年不如一年，對什麼打不還手，罵不還口，他感到不可思議。

群衆與警察時起衝突，路過的汽車被堵，駕車的人批評幾句，車子被砸，人也揪出來打，玉山奇怪他們憑什麼可以隨便打人，難不成無辜被打的人不是老百姓？遊行隊伍中有學生和教授，他們都是有學問的人，玉山更奇怪爲什麼有問題大家不坐下來參詳，一定要動粗嗎？

玉山忽然眞正擔心了，他怕秀雄年輕無知，血氣方剛，跟著盲從，迷失在一波又一波的街頭活動中……

古亭國小前的天橋下，又有衝突事件發生，群衆突然推擠成一團，老胡和玉山走避不及，被人群捲入漩渦，老胡年老無力掙扎，擠遠了，玉山急著排開人群去拉老胡，「少年仔，不要推我，讓一讓……唉呀！怎麼打人……無法無天啊……」

「你這個死老頭，敢罵我們，給他死，給他死……」

頓時，拳腳交加，玉山的旅行袋掉了，衣物散了一地，人也倒了下去。

群衆中突然衝出一個學生模樣的青年，大聲急吼：「別打了，別打了，他是我老爸……。」一把抱起倒在地上的傷者，攔不到計程車，隔著拒馬找警察：「幫幫忙，送我爸爸上醫院！」

老胡掙脫出重圍，看到那位青年，驚喜的叫道：「秀雄，你怎麼在這裏？我和你爸爸正要去找你呢！」一眼瞥見血跡斑斑的玉山，急得老淚縱橫：「老弟，你怎麼啦，醒醒呀……怎麼會這樣……。」

警車來了，秀雄抱老爸上車，六神無主的對老胡說：「胡伯，您陪我一起上醫院好嗎？」隨即扯下綁在額頭上的黃布條，用力抛出車外。

那根黃布條在群衆的腳下，任人踩來踩去，任車輪輾過來輾過去，終於消失在街頭。

抉擇

初夏的陽光漸漸地熱了，再過不久，那萬千的莘莘學子，又將面臨聯考的關頭。

回想那年大專聯招放榜的前夜，甫強和阿琴圍著收音機收聽放榜的消息。客廳那臺老電風扇，呼呼地吹送著涼風，甫弟坐立不安的晃過來晃過去的走動，吉利睜著靈活的狗眼，迷惑的瞪著家人，偶而過去挨挨甫強或舔舔甫弟。維天坐在籐椅上看似悠閒地翻著報紙，我暗自嘀咕：嘿，眞沈得住氣！

我摸黑到後院晾衣服，耳朵隨時注意著屋裏的動靜，摸摸索索的晾好了衣服，又到廚房把電鍋裏熱著的包子，和冰箱裏的西瓜，端到客廳茶几上。

「喏，吃點東西啦！」我招呼一聲，看看沒人理會，隨手塞個包子到吉利的嘴裏。

坐沒兩分鐘，又起來逕自到前院澆花木。那株高出圍牆外的桂花，在淡淡的月光下，另有一份朦朧的美，甫強怕熱，夏天他喜歡端桌椅到桂花下做功課，屈指算算，這株桂花也種了十多年了……。

突然傳來甫弟的大叫聲：「成功！」

我怔了一下，拋下澆水壺，三步併作兩步的衝進客廳：「什麼成功？」

「媽，哥哥考上成功大學電機系！」快嘴的阿琴搶先回答。

甫強裂開嘴喜孜孜地笑著，甫弟拉著吉利又笑又跳，維天也推開報紙，拍拍兒子的肩膀：「甫強，恭喜你！」

「爸媽，可惜差了幾分，不然就進了臺大！」

維天加了一句：「考上成大也不錯呀！」

說的也是，每年有將近十萬個考生擠大學的窄門，而僧多粥少，榜上有名已屬不易，又怎能太苛求孩子呢？「甫強，快打長途電話給外婆，讓她老人家高興高興！」我提醒他。

甫強是外婆最寵愛的外孫，小時候一直由她照顧，到學齡前才接回來上學，因此祖孫情深。

「阿媽，我是甫強……考上啦，是成功大學……好，我會告訴媽媽……阿媽再見！」甫強放下電話，轉向我：「阿媽很高興，要我們下鄉去玩！」

「好，過幾天媽帶你們去度假。」我欣然的許下諾言。

甫弟進進出出的傳遞消息，一會兒說左鄰的王明考上了東海；一會兒又說右舍的楊安民考上了政大；今年誰和誰又落第了……。那種幾家歡樂幾家愁的滋味，只有身歷其境的人家才能深深的體會到。

其實甫強這一年也夠拚的，每天放學後買兩個麵包帶進學校圖書館，邊啃麵包邊看書，有時候太疲倦了，便趴在桌上休息。有幾回竟睡著了，一直到圖書館關門時才被館員叫醒，我深夜猶在巷口左等右等，急得要去報警，才看見他騎著單車回家。

甫強日常換穿的兩套學生制服，屁股早已磨破，因爲他個兒高大，現成的尺寸不合，需要量身定做，每次催他總是推三阻四的，一下說沒時間啦，一下說補一補就好。過沒多久又破了，他還是要我再補一補能穿就行了，我看不過去，說他：「這麼大的人，屁股打兩塊補丁多難看！」

他毫不在乎的說：「又不光我一個穿破褲子，我們同學褲子打補丁的大有人在咧！」照說十八、九歲的男孩子，正是青春愛美的年紀，怎麼一個個讀書讀得這般的廢寢忘食忘穿呢！

甫強高中分組時，看他的各科學業成績都不錯，文史有興趣，理工也不差，但以現時國家社會的需要而言，我和維天勸他學理工，然而爲了顧及他的性趣和志向，又不敢勉強他，生怕「選錯了行」，影響到他的前途，經甫強考慮再三，最後還是選了甲組。

高中畢業他不但參加了大學聯招，同時也報名參加軍校聯招。報完名體檢過後他才告訴我們這件事，對甫強未和父母商量，便擅作主張「先斬後奏」的作法，我有些許的不滿，沈著臉問他：

「軍校，你想唸那所軍校？」

「國防醫學院醫學系。」

「那不是丙組嗎？」

「國防醫學院也招收甲組的學生。」

「哦，是這樣啊！」

說眞格的，在我的想像中，軍校的師資、設備、實習的環境、學習的氣氛，總不如一般大學。甫強想唸醫學，幹嘛當初不選丙組考大學醫學院？

大概看我神態快快，他又轉向維天：「爸您認爲怎樣？」

「這樣也好，多了一個選擇的機會。」維天斜睨我一眼，對兒子說：「不過……軍校也不是那麼容易考的！」

哼！說了等於沒說，且不管他，我相信以甫強的聰明才智，又下了「三更燈火五更雞」的工夫，再不濟事，總不至於名落孫山吧！

現在好了，甫強已考取了理想的大學，可以輕輕鬆鬆的渡渡假，再上成功嶺受訓。於是，我請了三天假不上班，準備帶孩子們下鄉到山裏外婆家，那裏有山有水，孩子們可以盡情的釣魚、游泳、爬山。

這些年來，我常以兒女的喜愛爲喜愛，就以釣魚來說，雖無耐性，也能枯坐池畔或溪邊，等著魚兒上鉤；游泳嘛，雖不識水性，也能在淺水處拍拍水曬脫一層皮；而爬山更能硬撐著，「捨命」陪兒女了。

那天維天上班後，我在廚房忙著，甫強蹲在前院整理釣魚用具，阿琴和甫弟在房裏準備明天渡假的衣物。甫弟直嚷嚷：「姊，妳看我的游泳褲怎麼變小了？」

「阿呆，不是褲子變小，是你長高啦！」

「哇塞！怎麼可能小那麼多，怎麼辦？」

「瞧你剛上國中，便『一眠大一吋』的猛長，」阿琴老氣橫秋的說：「去，去拿針線盒來，姊幫你放大褲子！」

姊弟正在房裏嘰哩呱啦的當兒，門口綠衣影子一閃，信箱掀動，甫強手上拿著一封信一路喊進來：「媽媽！您看您看……」

「什麼事那麼高興？」

「軍校聯招的成績單寄來了，我的成績達到錄取的標準啦！」

「那一系？」

「醫學系。」他大聲的說。

我順手把瓦斯關了，擦乾手接過成績單，可不是，白紙黑字印得清清楚楚的，我一時很感安慰。

阿琴和甫弟聞聲跑出來，阿琴說：「哥，成功大學和國防醫學院都是很好的學校，這一下你得爲選校傷腦筋啦！」

甫弟羨慕的捶他一拳：「哇塞！老哥眞有你的！」說完興沖沖的跑出門，又到鄰家報喜訊去了。

晚上維天回來知道了也很高興，但高興過後，煩惱接踵而至，我主張甫強唸成大，他卻想上軍校，維天一時難以取捨，討論了半天也沒有結果。我看夜已深沈，便催他們父子說：「睡覺吧，反正離報到的日子還早，明天先去玩幾天，選校的事回來再說！」

車到南投鄉下，見了外婆自有一番高興。安頓好行李，大舅已砍了幾枝紅甘蔗回來。給孩子們解渴，舅媽下廚忙著殺雞宰鴨，說是給甫強賀喜。我們休息了一會兒，表兄弟們帶領著甫強、甫弟，浩浩蕩蕩的到山澗釣魚、游泳，我和阿琴各戴上斗笠，找隻空的布袋，往後山去摘取野生的百香果。

午後的陽光白花花的，曬紅了我們的臉，阿琴像隻出籠的鳥兒，一路喋喋不休的說這說那，手不停的摘著漫生在山徑旁的百香果，我心中總像壓了塊石頭，無法像往日那般的輕鬆。看看布袋裝滿了，找棵大樹乘涼，遠眺山腳下的溪流，幾個小小的人影在走動，阿琴手舞斗笠高聲叫：「哥哥——。」

「別傻了，樹擋著他們看不到的。」我瞥了女兒一眼，忽然想聽聽她的意見，便拉她坐下，說：「阿琴，妳認爲甫強上那個學校好？」

她想了想，一本正經的說：「媽，我認爲兩個學校都好，只是『魚與熊掌不可兼得』，讓哥哥自己決定最好。」

瞧不出這個讀高一的女兒，居然也會跟我咬文嚼字，難道是我的想法有了偏差？

看看天色不早，我們抬著那袋百香果，走下山和甫強他們會合。魚簍裏只有三尾溪哥，我訝然問甫強：「才釣三條魚呀？」

他望望我，欲言又止。

甫弟悄悄的告訴我：「哥哥在想心事，魚餌被魚吃了都不知道。」

「出來玩還想什麼心事嘛！」

「哥哥很想上國防醫學院，他說爸爸沒問題，就擔心媽不同意。」

雖然我一直未堅決的反對甫強上軍校，但，顯然的，孩子們都能察言觀色。

早從孩子們讀國小、國中，我就嚴厲的要求他們要有好的學業成績，以便順利的考上有名的高中，再由高中而進大學，然後出國留學，讀碩士、博士……。眼看著甫強已經一步步的照著我預定的路線走，現在他突然有了別的打算，無疑的粉碎了我多年來的期望，這叫我怎能同意？

然而，事關甫強的前途，我又不想堅決的反對，生怕稍有不妥，惹來他的埋怨，處在這種矛盾的心情之下，只有一天拖過一天，說不定臨到去報到時，他又改變主意了呢！

晚上和外婆全家熱熱鬧鬧的圍著大圓桌吃飯，外婆塞了一個大紅包給甫強，賀喜他金榜題名。阿琴把甫強想去上軍校的事告訴了外婆，外婆一聽急了，拉住甫強：「乖孫，做兵莫好啦，又辛苦又危險啊！」

「阿媽，您搞錯了，上軍校是讀書嘛！」

「那有這款好事？」外婆睜著那雙灰濛濛的老眼疑惑的說：「想當年，你們舅公被日本仔拉去南洋做軍伕，吃盡了千辛萬苦，差一點就莫命，現在你考上大學不去讀，卻要去做兵，叫我怎麼能放心？」

「阿媽，時代不同了，做兵和讀軍校完全是兩回事呀！」

「好，那就說來給阿媽聽聽！」外婆索性放下飯碗，坐到太師椅上。

甫強搬隻小板凳坐到她的身旁，祖孫倆咕噥了好一會兒，才見外婆眉開眼笑的扳著枯瘦的手指頭，一樁樁的數：「讀書用公費免家裏負擔，七年畢業一樣有學位、將來做軍醫……，嗯，還不錯！」停了停，她有點不信，又問：「甫強，眞有這款好事？」

「阿媽，我莫騙您啦！」

「那……會不會太吃苦？」

甫強把他黝黑結實的手臂，伸到外婆的眼前晃了晃：「阿媽，您看我長得勇健健的，還怕吃苦嗎？」

外婆笑呵呵的捏一捏他的手臂：「好，少年仔不怕吃苦才有出息！」

在鄉間盤桓了數天，甫強又得到外婆、大舅的聲援，我更顯得勢單力薄了。

從鄉下回來後，甫強經常往外跑，說是去找就讀國防醫學院的學長，打聽學校的情形。而我先前還抱著一線希望，以爲維天考慮的結果，會和我採取同一態度，那甫強可能會尊重父母的意見而打消上軍校的念頭。但維天和我的觀點、想法仍難一致。

那天晚上看完電視新聞後，我要全家坐著別走開，阿琴端茶、切水果，甫弟逗著吉利，和甫強擠眉弄眼的，望望維天，向我嘻皮笑臉的說：「媽，開家庭會議有你們『三巨頭』就夠了嘛，我和姊可不可以一邊涼快去？」

「涼快個頭，給我好好地坐著！」我沒好氣的瞪他一眼。

「是……。」

維天啜一口濃茶，瞟一眼：「太太，妳太固執了，軍校有什麼不好？」

「軍校的設備、師資、學習氣氛、實習環境，都要比大學差。」我重複我的想法。

「妳別樣樣都自以爲是，我自己身爲軍人，軍中的情形自然要比妳更清楚，現在軍校的設備、師資在國內都屬第一流的。」他又啜一口茶對甫強說：「甫強，以後有機會應該帶你媽媽去參觀軍校。」

「媽，爸爸說的沒錯，我聽學長也是這麼說的。」甫強侃侃而談：「成大雖然也是名校，但我覺得我更適合上軍校，一來可減輕爸媽的負擔，二來畢業後就直接服務三軍，三來將來也有很多機會出國繼續深造。」

「媽，您看哥哥又有孝心又愛國家，以後我也咳咳……。」甫弟嘴裏含著西瓜，不小心嗆到了。

阿琴連忙上前拍拍他的背：「你看你嗆到了吧，誰叫你愛說話！」

我搜索枯腸，找不出更有力的反對理由。

維天過來輕輕擁住我：「太太，別想得太多啦，說不定甫強將來是醫術高明的名醫哩！」

甫強離家北上時，自己扛起行李，堅持不讓我送到車站，望著這比我還高出一個頭的兒子，心中有欣慰、有驕傲。我反覆的叮嚀了又叮嚀，他一直咧著嘴笑著說：「媽，您不必操心，我自己選擇的路，我會認眞努力的走下去，絕不會叫您失望的！」

武夷山玉女峰

寫作年表

一九三八年　十二月十九日出生於臺灣省臺中市。

一九四六年　臺灣光復後入臺中市大同國小就讀，次年發生二二八事變，舉家搬到臺中縣塗城村。

一九五一年　又搬回臺中市，在此成長完成學業、工作和結婚。同時接觸中國古典文學和世界名著，並深深著迷，鋪下後來走向寫作之路。

一九六九年　第一篇文章發表於中央日報，後因工作忙碌而停筆。

一九八一年　正式開始寫作，作品陸續刊登於各報副刊。

一九八五年　〈頑石點頭〉一文獲得國軍文藝金像獎。應聘爲國軍戰鬥文藝研究會小說研究員。〈綠川今昔〉一文，選入晨星文藝苦苓主編之《失去的河岸》散文集。

一九八七年　第一本散文集《蟬聲又起》，由彩虹出版社出版。

一九八八年　《蟬聲又起》一書，被臺北市政府新聞處評定爲青少年優良讀物。

一九九一年　短篇小說集《飛吧！鳥兒》一書，由文經出版社出版，並獲省政府新聞處甄選為優良文藝作品。〈時間的河〉、〈路〉二文各獲青年日報散文和短篇小說獎。〈芳鄰〉一文，選入晨星出版社江兒主編之《快樂藍調》散文集。

一九九二年　散文集《石緣四輯》一書，由黎明文化事業公司出版。〈人性的藩籬〉一文，選入行政院文化建設委員會出版之《平衡與和諧》合集。

一九九三年　短篇小說集《凡塵織女星》一書，由海飛麗出版公司出版。為國語日報少年版撰寫〈地上的星星〉專欄。〈夢想成眞〉、〈那個冬日下午〉二文，選入中華民國環境綠化協會印行林少雯主編之《種棵樹，圓綠色的夢》合集。

一九九四年　為國語日報少年版撰寫〈阿貴的眼睛〉專欄。〈我們只有一個臺灣〉一文，獲聯合報和環保署文學獎，並選入《斯土斯民》合集。〈蜜月旅行〉一文，選入圓神出版社李宜涯主編之《眞情不褪色》散文集。

一九九五年　〈走過從前〉一文，獲省政府新聞處散文獎，並選入《走過感懷的歲月》合集。

一九九六年　散文集《明月幾時有》一書，由臺中市立文化中心出版。散文集〈心中亮著一盞燈〉一書，由觀音山出版社出版。〈樂趣幾許〉一文，選入躍昇文化事業公司徐薏藍主編之《圓作家大夢》散文集。

一九九七年　少年小說《地上的星星》、《阿貴的眼睛》二書，由黎明文化事業公司出版。〈不堪回首話當年〉一文，選入青年日報出版李宜涯主編七七抗戰六十週年紀念專文選輯。〈心中亮著一盞燈〉一文，選入黎明文化事業公司陳敬介編注之

《無怨無悔的愛》。

一九九八年　爲國語日報兒童版撰寫〈古道傳說〉專欄。〈媽媽經〉一文，選入黎明文化事業公司陳敬介編注之《媽媽經》。

一九九九年　兒童故事《第三隻眼》一書，由國語日報社出版。少年小說《少年的我》一書，由富春出版社出版。

二〇〇〇年　爲國語日報兒童版撰寫〈草地女孩〉專欄。

二〇〇一年　兒童散文《草地女孩》一書，由小兵出版社出版，並榮獲第三十九梯次「好書大家讀」。

二〇〇二年　《想飛》一書，由文史哲出版社出版。

國家圖書館出版品預行編目資料

想飛 / 郭心雲著. --初版. --臺北市：文史哲,
民 91
面：公分.--（文學叢刊；133）
ISBN 957-549-413-X（平裝）

1.

848.6　　91002138

文學叢刊 ⑬③

想飛

著　者：郭心雲
出版者：文史哲出版社
http://www.lapen.com.tw
登記證字號：行政院新聞局版臺業字五三三七號
發行人：彭正雄
發行所：文史哲出版社
印刷者：文史哲出版社
臺北市羅斯福路一段七十二巷四號
郵政劃撥帳號：一六一八〇一七五
電話 886-2-23511028・傳真 886-2-23965656

實價新臺幣三〇〇元

中華民國九十一年(2002)二月初版

ISBN 957-549-413-x